Christina Gilli

Endlich losgelassen

Christina Gilli

Endlich losgelassen

Eine wahre Geschichte zur Angstbewältigung

Trainerverlag

Imprint

Any brand names and product names mentioned in this book are subject to trademark, brand or patent protection and are trademarks or registered trademarks of their respective holders. The use of brand names, product names, common names, trade names, product descriptions etc. even without a particular marking in this work is in no way to be construed to mean that such names may be regarded as unrestricted in respect of trademark and brand protection legislation and could thus be used by anyone.

Cover image: www.ingimage.com

Publisher:
Der Trainerverlag
is a trademark of
Dodo Books Indian Ocean Ltd. and OmniScriptum S.R.L publishing group

120 High Road, East Finchley, London, N2 9ED, United Kingdom
Str. Armeneasca 28/1, office 1, Chisinau MD-2012, Republic of Moldova, Europe
Managing Directors: Ieva Konstantinova, Victoria Ursu
info@omniscriptum.com

Printed at: see last page
ISBN: 978-3-8417-5971-9

Endlich losgelassen

Eine wahre Geschichte zur Angstbewältigung

CHRISTINA GILLI

Inhaltsverzeichnis

Durch die Arbeit mit Menschen und die laufenden Herausforderungen eines Lebens kann ich mit diesem Buch Einblick in einen grundlegenden Prozess geben, der jeden Menschen betreffen kann. Wir sind nie davor geschützt, dass wir uns in einen Wandel der bisherigen Möglichkeiten begeben müssen bzw. sollten. Es handelt sich in dieser Kurzgeschichte um einen vollständigen Rückzug aus der üblichen Sicherheitsstruktur. Die Verknüpfung verschiedener Bereiche des Lebens zeigt die Tragweite, die hier aus menschlicher Sicht bis zum unausweichlichen Tag die Kontrolle übernahm.

Jede/r Leser:in sei ermutigt, den eigenen Status zu reflektieren, wo sie/er sich gerade befindet und wie viel er/sie schon trägt oder bereit ist, weiterhin zu tragen. Wir verharren meistens in jahrelangen Mustern, die uns von unseren Eltern und deren Eltern übertragen wurden. Auch wenn wir es spüren, kann man diese Muster oft nicht verlassen. Manchmal geht das so lange, bis wir uns selbst in den Untergang stürzen und erst dann unsere Bestimmung erkennen. Aufgrund der Ängste, die sich uns angehaftet haben – durch die Außenwelt, Vorfahren und Lebensformen unserer Gesellschaft –, gleicht es einem Versagen, wenn wir uns aus der Norm entfernen.

Die Geschichte auf den folgenden Seiten ist aktuell geschehen. Wir befinden uns in einem Wandel zu einer neuen Zeit, in dem die Menschen immer mehr erkennen, was ihnen wirklich guttut. Dieser Veränderungsprozess tritt bei immer mehr Menschen aus allen sozialen Schichten auf. Nie da gewesene Wesensveränderungen werden immer auffälliger, Rückzug und Trennung mehren sich. Wenn du nicht nur Beobachter bist, sondern auch Betroffener, sind diese Zeilen für dich bestimmt. Lass Veränderung zu und gehe den Weg so weit, bis du Linderung erfährst.

Die Erzählform und der Bezug zu Personen sollen keine Schlüsse auf Menschen in meinem persönlichen Umfeld liefern. Dieser Schreibstil wurde gewählt, damit sich der/die Leser:in mitgenommen fühlt und die Aussagen besser verständlich sind.

Ich habe viel zu lange gewartet. Nach der angespannten Pandemiezeit und dem Homeoffice, der Isolation im eigenen Haus und dem Druck von außen war es Zeit für eine Veränderung. Aber was war der richtige Schritt? Der längst überfällige Ausstieg aus der Arbeitssituation, die maßgeblich zu meinem Zustand beigetragen hat? Oder die festgefahrene Beziehung zu meinem Lebenspartner aufzulösen? Welcher der beiden Zwänge war für mein erdrückendes Dasein verantwortlich? Der Zustand dauerte einfach schon zu lange. Es fühlte sich an wie ein enger Luftschacht, durch den ich mich quälen musste. Es gab keinen anderen Weg. Der Schacht war unendlich lang und die Luft darin sehr dünn. Ich war außer Atem, selbst wenn ich mit meinem Hund auf dem täglichen Spaziergang nur dorthin ging, wo weite Felder und keine Menschen waren. Es war nicht mehr aufzuhalten. Es musste sich etwas ändern. Nachts konnte ich nicht mehr schlafen. Im gemeinsamen Bett wurde es immer enger. Viel zu lange schlief ich am äußersten Rand und hatte eine verkrampfte Haltung eingenommen.
Der Erholungswert war gleich null. Jeder Tag war gleich. Immer wieder hoffte ich, dass sich mein Leben ändern würde. Aushalten, aushalten … Es war einfach nicht mehr schön. Und doch musste ich die Starke sein. Die, die die Oberhand behält. Die, die das Schiff steuert. Die, die gute Laune verbreitet und ausgleicht, wenn die Stimmung im Haus kippt. Und die angespannt war. Mit einem Partner an ihrer Seite, der seit Jahren beruflich überlastet ist und den die kleinste Konfrontation wie einen Luftballon zerplatzen lässt. Aus Verständnis für seine berufliche Belastung habe ich zu Hause alles gemacht: Haushalt, Kochen, Hausaufgaben, Lernen, ständige Besorgungen, Haustiere, Garten und alles, was sonst noch zu einem gemeinsamen Leben gehört.

Nachdem mein Partner einen schweren Fahrradunfall durch Fremdverschulden hatte, war sowieso alles anders. Die Genesung verlief schleppend und so musste ich ihn noch mehr vertreten. Ich hatte Verständnis für ihn, sein nachlassendes Gedächtnis, seine

Belastungsgrenze, die sich von Tag zu Tag änderte. Es war ein großer Einschnit in unser bisheriges Leben.

Wo war ich in all dem? Ich war stark und hatte mich ständig weiterentwickelt. Habe mich mit Themen auseinandergesetzt, die vielen Menschen fremd sind. Aber es hat mir geholfen. Wahrscheinlich wäre ich viel früher zusammengebrochen, aber ich fühlte mich stabil.

Der Unfall ereignete sich am 16.12.2020. Es war ein ganz normaler Arbeitstag. Wie immer fuhr er mit dem Fahrrad von der Arbeit nach Hause. Meistens rief er mich an, bevor er losfuhr. Aber das war nicht immer so. So kam es nicht selten vor, dass ich nichts von ihm hörte. Um 18.30 Uhr wählte ich mit einem komischen Gefühl seine Nummer. Ein Mann meldete sich und sagte: »Wer ist da? Wir sind im LKH und es gab einen Unfall. Sind Sie die Frau? Wir melden uns später, wenn wir wissen, was los ist.« Dann war das Telefonat zu Ende.

Ich war mit einem elfjährigen Kind allein zu Hause und gerade dabei, das Abendessen vorzubereiten. Der Schock stand mir ins Gesicht geschrieben. Ich wusste nicht, was ich sagen sollte. Ich musste mich beherrschen. So cool wie möglich bleiben. Mir nichts anmerken lassen. Vielleicht war es doch nicht so schlimm? Vielleicht doch? Ruhig bleiben, dachte ich. Abwarten. Die werden sich schon melden. Die haben meine Telefonnummer. Aber es kam kein Anruf. In der Zwischenzeit hatte ich mein Kind darüber informiert, dass Papa im Krankenhaus liegt. »Ich weiß nicht genau, was los ist, aber es geht ihm bestimmt gut.« Als das Warten unerträglich wurde, rief ich an. »Er ist in der Ambulanz«, hieß es am Telefon. »Einen Moment bitte, ich verbinde Sie mit dem Arzt.« Am anderen Ende meldete sich eine Männerstimme: »Hallo, sind Sie die Frau?« »Ja«, sagte ich. Der Arzt erwiderte: »Können Sie bitte kommen?« Ich fragte: »Sofort?« Er antwortete: »Ja, bitte in die Ambulanz.«

Gut so! Zähne zusammenbeißen und so locker wie möglich bleiben. Ich fragte mein Kind, ob es mitkommen wolle. Ein kurzes Kopfschütteln klärte die Situation. Und so fuhr ich allein mit dem Auto. Niemand wusste, was passiert war. Die Fahrt verlief in

Zeitlupe. Es war Mitte Dezember und sehr dunkel. Die Dunkelheit spiegelte sich im Asphalt, und ich war froh, an jeder roten Ampel anhalten zu können.

Was würde mich wohl erwarten? War vielleicht etwas Schlimmes passiert? Warum hat mich niemand informiert oder angerufen? Im Krankenhaus angekommen, winkte man mir am Empfang zu. »Sie werden schon erwartet.« Als ich die Tür öffnete, standen fünf oder sechs Personen in Schwesternkleidung sowie Ärzte im Raum.

Mein Partner war völlig außer sich. Man musste ihn festhalten. Er war wie im Kampfmodus. Er wehrte sich mit Händen und Füßen und erkannte mich nicht wieder. Ich konnte die ganze Situation gar nicht fassen. Dann drehte er sich um und ich sah die riesige Beule auf seiner Stirn. Er weinte und war nicht zu beruhigen. Irgendwann erkannte er mich, weinte bitterlich und umarmte mich. Niemand konnte mir sagen, was passiert war. Die Polizei war erst alarmiert worden, als die zwei Radfahrer vom Unfallort geflüchtet waren: Eine Person war weggerannt, die andere Person hatte gesagt, dass sie auf die Toilette müsse und zur Tankstelle fahren wolle. Ein Mann aus einem vorbeifahrenden Auto und zwei junge Mädchen, die die Situation beobachtet hatten, hatten die Polizei gerufen. Zum Unfallhergang konnte jedoch niemand etwas sagen.

Einige Tage später erfuhren wir, dass ein junger Mann aus der Ukraine, der hier zu Besuch war, zum Unfallhergang befragt wurde. Es gab jedoch keinen Dolmetscher und der ukrainische Besucher verließ unser Land nach zwei Tagen wieder. So wurde der Unfallhergang nie geklärt und niemand konnte zur Verantwortung gezogen werden. Nach unzähligen Rekonstruktionen des Geschehens ergab sich ein Bild, wonach die beiden Radfahrer auf der gegenüberliegenden Seite des Radweges ohne Licht nebeneinander auf meinen Partner zugefahren sein müssen. Es war wohl zu einem Zusammenstoß gekommen, bei dem mein Partner mit dem Kopf in die Metallabsperrung einer Unterführung gestürzt war.

Der Schock saß tief. Die Wunden hinterließen tiefe Spuren und die Verletzung am Schädel wurde ab diesem Zeitpunkt spürbar. Ein Schädel-Hirn-Trauma wurde diagnostiziert. Es folgten einige Wochen Auszeit, Erholung zu Hause, Abklärungen bei Ärzten und eine riesige Leere, vor allem auch bei mir.

Funktionieren heißt stark sein. Sich nichts anmerken lassen, vor allem dem Partner gegenüber, denn er muss sich erholen. Körperlich und geistig auf alle Befindlichkeiten des anderen Rücksicht nehmen. Alles, was anstand und zu tun war, übernahm ich. Ganz selbstverständlich und unhinterfragt. Die Zeit der Regeneration, die schleppend verlief, wurde noch erschwert durch das Umfeld, das sich ständig für den Zustand des anderen interessierte. Die regelmäßigen Telefonanrufe oder Chat-Nachrichten waren in erster Linie dazu da, sich zu informieren. Wirklich helfen kann dir niemand. Verstehen, wie es dir geht, auch nicht. Denn dein Gefühl ist im Moment nicht angebracht. Die Zeit wird es bringen, dachte ich mir. Je nachdem, wie die Genesung verläuft und ob es jemals wieder so sein wird, wie es einmal war.

Die Wochen verliefen unspektakulär. Ich hatte eine Teilzeitstelle. Bei der Arbeit war der Teamgeist sehr gespalten. Im Team wurde viel hinter dem Rücken geredet. Ich zog mich so weit wie möglich zurück, da immer mehr Kollegen über meine private Situation Bescheid wussten, obwohl sie nicht mit mir gesprochen hatten.

Es war Hochsaison während der Pandemie. Wir waren zu Hause. Damals war der »Impfdruck« noch nicht so groß. Es begann mit den Empfehlungen, ansonsten einfach im Homeoffice zu bleiben. Für mich persönlich kam eine Impfung nicht infrage. Ich habe diesen extremen Zwang nie verstanden. So wurde ich immer mehr an den Rand gedrängt – getrennt, weit weg, an einem sicheren Ort, kein Risiko für andere. Manchmal gefiel mir diese Möglichkeit. Denn ich musste das Haus nicht verlassen, musste keine Tests machen, um zu beweisen, dass ich gesund bin. Ich musste mich nicht den Blicken im Büro stellen, die mich darauf hinwiesen, dass ich mich selbst ins Aus befördern würde, wenn ich nicht endlich den Status »geimpft« hätte.

Damit hatte ich ein weiteres Thema, das ich ertragen musste. Und dann war da noch das Homeschooling für einen Elfjährigen, der gerade in die sechste Klasse gekommen und wie alle anderen hoffnungslos überfordert war, dem Unterricht zu folgen.

Meine Kapazität wurde voll ausgeschöpft. Ich habe gegeben, was ich konnte. Ich habe geholfen, wo ich konnte. In dieser Zeit habe ich mein Kind nach Kräften unterstützt und gefördert. Computerplatz einrichten, Struktur einhalten, früh zu Bett gehen, früh aufstehen, Pausen einhalten, Trampolin springen, sogar Computerspiele erlauben. Gutes Zureden, Verständnis zeigen, motivieren, durchhalten, unterhalten. Immer für positive Stimmung sorgen.

Natürlich war ich nicht die Einzige, die das erlebt hat. Viele Mütter haben dasselbe erlebt, viele haben kapituliert und sich und ihre Kinder impfen lassen, weil sie den Druck nicht mehr aushielten. Richtig oder falsch, darüber möchte ich nicht urteilen.

Ich habe mich gegen die Impfung entschieden – oder besser gesagt, wir beide. Aber es hat etwas mit uns gemacht. Diese Ausgrenzung, diese Verdrehung der Tatsachen, diese Bevormundung, dieses In-die-Enge-Treiben, vor allem aber das Einsperren, das hat uns viel Hoffnung genommen.

Es war eine Grenzüberschreitung. Nicht nur zu Hause, sondern auch das, was um uns herum geschah. Das war anstrengend und zermürbend. Natürlich habe ich für mich einen Ausgleich gefunden. Ich war schon immer sehr vielseitig. Den täglichen Spaziergang mit unserer Hündin haben wir uns die ganze Zeit nicht nehmen lassen.

Im Freundeskreis kam die Frage auf, ob ich mit dem Hund überhaupt raus darf. Denn es war Ausgangssperre. Niemand durfte das Haus verlassen. Unfassbar. Das war Wahnsinn. Kein Auto auf der Straße. Kein Mensch auf dem Weg. Meine Kreativität half mir, über die Runden zu kommen. Ich habe mich weitergebildet. Machte einen Online-Kurs für WordPress und nutzte die digitalen Möglichkeiten. Außerdem hatte ich meine monatlichen Treffen mit den Geistheilerinnen. Da habe ich die meiste Energie geschöpft. Wir waren unter uns und konnten uns austauschen. Wir haben einander geheilt und regelmäßig gechannelt. Jedes Mal, wenn ich von dort zurückkam, war ich gereinigt und voller positiver Energien, die mich für die neuen Aufgaben stärkten.

Seit einigen Jahren beschäftige ich mich damit. Im Dezember 2017 begann ich meine erste energetische Ausbildung zum Channeling und als Geistheilerin. Im Nachhinein war das mein Rettungsanker. Ich durfte durch diese Ausbildung so vieles auflösen und konnte mich stetig weiterentwickeln. Immer mehr verstand ich die Zusammenhänge. Am Anfang war alles wie eine Fremdsprache. Ich verstand die Worte nicht. Die Aussagen dahinter erreichten mich nicht oder drangen einfach nicht in mein Bewusstsein.

Aber ich habe immer gespürt, dass es für mich wichtig ist, diesen Weg zu gehen. Auch wenn ich manchen Leuten komisch vorkam – es war mein Weg. Ich fühlte den Fortschritt, und ich fühlte, dass es gut für mich war. Durch viel Üben und Ausprobieren wurde ich immer sicherer in den verschiedenen Bereichen. Ich wollte vor allem etwas lernen, was ich für meine Familie und mich anwenden kann: als Unterstützung im Alltag, als schnelle Hilfe oder Werkzeug. Und das habe ich getan. Immer und immer wieder. Es hat mir gutgetan und meinen Lieben auch.

Aber es gibt kein Patentrezept. Es braucht immer ein Gegenüber, das mitarbeitet. Sonst wird es einseitig und ich habe ein Defizit. Bei dieser Arbeit ist es wichtig, dass es ein Gleichgewicht gibt. Wenn man nur gibt, gibt man sich selbst. Das hat zur Folge, dass es dem anderen gut geht und dir plötzlich schlecht.

Es muss also in irgendeiner Form einen Ausgleich geben. Auch wenn ich nur als Kanal zur Verfügung stehe, gebe ich immer einen Teil von mir ab. Und so musste ich auch bei dieser Arbeit erkennen, dass man sich gut aussuchen muss, was man gibt.

Viele Menschen sind nicht bereit, Hilfe anzunehmen. Für manche ist es wie eine kosmetische Behandlung. Das heißt, der Effekt soll sofort eintreten, und immer wieder, wenn es nötig ist, wird einfach nur aufgefrischt.

Für mich ist es ein Werkzeug, das ich jederzeit einsetzen kann. Aber wenn es dich selbst betrifft, bist du geschwächt. Und diese Grenze habe ich jetzt kennengelernt.

Oktober 2023

Ich war am Ende meiner Kräfte angekommen. Ich wollte wandern gehen. In die Natur. Den Berg hinauf. Die Verabredung mit einer Freundin in den Schweizer Bergen machte mir klar, dass ich von nun an mit meinen Kräften haushalten musste.

Der Weg war nicht steil, aber es war sonnig und damit für den Herbst sehr heiß. Als es in einer kleinen Waldkurve bergauf ging, spürte ich, wie die Luft für mich immer dünner wurde. Am Anfang überspielte ich es noch, aber an meinem Atem war deutlich zu hören, dass ich nach Luft rang. Es kam eine schattige Stelle, und wir bogen ab, um uns dort etwas auszuruhen. Da brach es zum ersten Mal aus mir heraus. Das alles hatte ich noch nie jemandem erzählt. Wie eine Flut sprudelte es aus mir heraus: dass ich mich von meinem Partner getrennt hatte, mit dem ich schon über 20 Jahre zusammen war. Und dass mich mein jetziger Job völlig verrückt macht und ich es nicht mehr aushalte.

Meine Freundin ging mit der Situation sehr gelassen um und hat sagte nur, wir könnten uns jetzt hier Zeit lassen, und wenn ich dann so weit sei, solle ich es einfach sagen. Das dauerte lange, ich glaube, fast 45 Minuten. Dann ging es wieder besser. Dieses Mal konnte ich mich erholen. Das ist ein Zustand, den ich noch nie erlebt habe.

Es raubt dir einfach den Atem. Man ringt nach Luft. Jeder Schritt ist zu viel. Am liebsten würdest du dich gar nicht bewegen – einfach nur dastehen und hoffen, dass es gleich besser wird. Dieses Gefühl legt sich schwer auf dich. Ein Gewicht zieht dich tief in den Boden. Starre breitet sich aus. Totale Bewegungslosigkeit. In diesem Moment gibt es nichts, was dir helfen könnte. Bleib einfach stehen und warte.

So schnell wie es gekommen ist, geht es dir auch wieder besser. Aber natürlich schärft sich deine Wahrnehmung und du fragst dich: »Was ist jetzt los?« Ich habe in meinem Leben schon viele Situationen erlebt, die mit Anstrengung verbunden waren.

Aber was war jetzt passiert? Hoffentlich nur einmal. Vielleicht war es ja nur ein Warnschuss. Aber jetzt muss ich aufpassen, und zwar auf mich. Nicht immer Verständnis und Unterstützung für andere aufbringen. Nein, diesmal bin wohl ich dran. Bin ich zu weit gegangen? Die Anzeichen waren schon deutlich. Als ich diesen neuen Job in einer Firma anfing, hatte ich schon in der zweiten Arbeitswoche eine Gürtelrose am rechten Innenohr. Das kam nicht umsonst, das war Stress. Die Situation, die sich mir dort bot, übertraf einfach alles, was ich bisher erlebt hatte, und das in kürzester Zeit.

Der Aufgabenbereich, den ich übernehmen sollte, war auf drei Frauen aufgeteilt worden. Wir haben uns also die Aufgabe gedrittelt, und jede hat es so gemacht, wie sie es für richtig hielt.

Das ERP-System war Freeware und somit kostenlos. Es gab keine Erfahrungswerte, welche Felder für die Stammdatenpflege ausgefüllt werden müssen, damit am Ende die Buchhaltung die Daten auf Knopfdruck auswerten kann. Ich wurde da einfach hineingeschubst. Das habe ich blitzschnell gemerkt.

Da hat sich das praktische Wissen durch meine Energiearbeit bemerkbar gemacht. Durch diese Arbeit ist man viel sensibler, feinfühliger, spürt schneller hinter die Kulissen und bekommt klare Impulse.

Homeoffice war dort Standard. Die Einarbeitung war holprig. Die Daten wurden nicht immer gespeichert, was mir so geschildert wurde. »Das ERP verschluckt sich.« Das hatte zur Folge, dass das Programm neu geladen werden musste, um dann zu prüfen, ob die Felder noch ausgefüllt waren, und wenn nicht, musste alles neu ausgefüllt werden.

Für mich war es so, als ob ich mit dem Staubsauger meine Wohnung saugen und zur Kontrolle der Sauberkeit den Staubbeutel noch einmal auf den Boden leeren und den Inhalt kontrollieren würde. Und das immer und immer wieder.

Bei dieser Tätigkeit und der damit verbundenen Kontrollfunktion musste ich mich wie in einem Tunnel bewegen. Jeder Schritt musste gewissenhaft ausgeführt werden. Aber das war nur ein Teil meiner wiederkehrenden Aufgaben. Es war für mich buchstäblich ein Wahnsinn. Wo war ich nur gelandet! Kein Wort hatte man mir vorher gesagt. Man hatte mich allein gelassen. Die Kollegin, die die Aufgabe abgegeben hatte, war nur noch sporadisch da. Sie änderte ihre Arbeitszeiten nach eigenem Gutdünken. So kam es vor, dass ich sie eine oder zwei Wochen nicht gesehen habe. Das Getuschel, wenn ich nicht da war, spürte ich hautnah. Dafür war ich zu sensibel.

So habe ich nach der dritten Arbeitswoche meine Bedenken zu dem mir übertragenen Aufgabenbereich geäußert und wurde daraufhin von der Personalleiterin und vom Chef, der nicht Chef sein wollte, weil es gegen seine Philosophie war, befragt. Dann kam der zweite Chef, der Geschäftsführer einer anderen Firma ist, dem ich die ganze Situation noch einmal schildern durfte. Es war unglaublich für mich, dass ich mich ständig wiederholen musste. Im Nachhinein wurde mir klar, dass keiner der Anwesenden verstanden hatte, worum es ging. Es war wie ein roter Faden. Denn das Credo dort war: Jeder kann so sein, wie er ist, und keiner hat dem anderen etwas vorzuschreiben.

Warum hat mir das niemand so deutlich gesagt, als es um meine Einstellung ging? Oder besser noch, bevor ich eingestellt wurde?
Kein Wunder, dass ich jeden Tag, wenn ich das Büro verließ, völlig verwirrt war. Manchmal hatte ich keinen klaren Gedanken mehr, denn was da um mich herum passierte, hatte ich noch nie erlebt.

Der Ton, den sich zwei Kolleginnen immer wieder an den Kopf warfen, war eisig und verbittert. Dadurch war die Stimmung oft explosiv. Manchmal überlegte ich lange, wie ich mein Gegenüber etwas fragen kann, ohne dass der ganze Raum aufhorcht, weil das Gespräch nur in Gegenfragen endet. All diese Emotionen kamen auf mich zu. Ich saß genau dazwischen. In kürzester Zeit verstand ich, was hier zwischenmenschlich passierte. Und das Merkwürdigste daran war: Es gab die Regel, abwechselnd einmal pro Woche für das ganze Team zu kochen.

Egal, ob es an den Tagen zuvor auf menschlicher Ebene aufgrund der unterschiedlichen Ansichten der Charaktere eskaliert war – beim Mittagessen herrschte Harmonie pur. Es wurden private Erlebnisse ausgetauscht, als wären wir ein Vorzeigemodell. Das war ganz und gar nicht meine Welt. Von meiner Vorstellung des Zusammenlebens war das weit entfernt.

Ein fairer Umgang wurde propagiert, aber der Austausch war kühl und bissig. Es kam, wie es kommen musste – ich hielt es nicht mehr aus. Ich hatte vor allem den Anspruch an mich selbst, nicht in das gleiche Muster zu verfallen, und versuchte, mit viel Freizeit, Ruhe, Erholung am See, Wandern und schönen Momenten den Stress auszugleichen. Aber es wurde immer schlimmer. Irgendwann konnte ich mich von den 20 Stunden Arbeit pro Woche in den jeweils darauffolgenden vier freien Tagen nicht mehr erholen. Das war alles viel zu viel für mich. Ich fasste den Entschluss, so schnell wie möglich aus dem Unternehmen auszusteigen. Raus aus diesem energieraubenden Umfeld. Ich spürte, dass diesmal meine Gesundheit vorging. Ich musste handeln.

Zur gleichen Zeit war meine Beziehung in Trennung. Wir haben uns gut verstanden, aber es war keine Liebe mehr. Es war eher eine gute Freundschaft, die durch dick und dünn ging. Aber die Gefühle waren weg. Es war eher eine gegenseitige Unterstützung im Leben.

Und so waren es genau diese Themen – und vielleicht noch das eine oder andere mehr –, die mir im wahrsten Sinne des Wortes den Boden unter den Füßen wegzogen. Es war mir endgültig zu viel geworden, dieses Aushalten und konzentrierte Erledigen.

So äußerte sich mein Zustand in einer noch nie da gewesenen Beklemmung. Um ein Beispiel zu nennen: Ich wollte in die nächste Stadt, um in einem Geschäft etwas zu besorgen. Zum Glück fuhr mein Noch-Partner mit. Plötzlich ging es los: Ich fuhr auf eine Autoschlange zu, die vor einer roten Ampel stand. Das reichte. Ich musste sofort links raus. Es wurde eng und ich war eingeschnürt. Ich konnte mich unmöglich in die Kolonne einreihen. Ich musste aussteigen und meinen Noch-Partner bitten weiterzufahren. Als Beifahrerin ging es besser, aber irgendetwas war mit mir los. So etwas hatte ich noch nie erlebt. Einfach so. Aus dem Nichts.

Es wirft dich zurück in ein Gefühl der absoluten Abhängigkeit. Das Fahren im normalen Straßenverkehr war mir zu viel geworden.
Ein deutliches Zeichen, dachte ich. Jetzt heißt es wohl aufpassen, meine Liebe.
Von so etwas hatte ich bisher vielleicht gehört, aber selbst erlebt, nein, dazu war ich zu hart, zu stark und stand seelisch, aber auch geistig auf sicherem Boden. Dachte ich.
Doch damit nicht genug. Dieser Vorfall war an einem Donnerstag, und am Sonntag wollte ich mich wieder mit meiner Freundin zu einer Wanderung treffen.
Bis dahin war alles in Ordnung. Ich war am Vorabend früh ins Bett gegangen, hatte gut geschlafen. Um 10.00 Uhr hatte ich einen kleinen Happen gegessen. Wir wollten uns körperlich auspowern. Dann habe ich kurz vor der Abfahrt noch eine ausgewogene Mahlzeit gegessen, denn der Termin war um 12.30 Uhr. Ich war pünktlich an dem Ort, an dem wir uns verabredet hatten, und ich war die Erste dort. Sie kam gleich, parkte neben mir und wir stiegen kurz aus und begrüßten uns.

Aus Höflichkeit fragten wir einander, wer nun den Berg hochfahren würde. Da ich mich fit fühlte und sie das letzte Mal gefahren war, übernahm ich das Steuer und sie stieg ein.
Kaum losgefahren, stellte sie mir eine einzige Frage:

»Und, hattest du schon deinen letzten Arbeitstag in dieser komischen Firma?«

Zack, wie ein umgelegter Schalter. Da war dieses unglaublich beklemmende Gefühl. Von einer Sekunde auf die andere war ich eingeschnürt, hielt das Lenkrad mit beiden Händen verkrampft fest und fühlte mich überhaupt nicht wohl.

Kopf und Blick waren nach vorne gerichtet. Ich konnte meinen Kopf keinen Millimeter nach links oder rechts bewegen. Aber ich konnte nicht einfach sagen: »Bitte fahre du, ich kann jetzt nicht.« Also beherrschte ich mich mit letzter Kraft und fuhr 21 Kilometer auf einer kurvigen Bergstraße auf ca. 1.000 Meter Höhe. Ich war angespannt. Ich habe nichts gesagt, um das Auto unter Kontrolle zu haben. Natürlich war es auch gefährlich, denn ich betete unterwegs, dass es keinen Stau geben würde. Allein der Gedanke, dass auf der Bergstraße plötzlich ein Stau entstehen könnte, ließ meine Beine zittern. Ich hatte auch das Gefühl, dass mein Fuß langsam einschlafen würde. Das kam sicher von der Anspannung.

Als wir einen Parkplatz gefunden hatten, wollte ich das Erlebnis abschütteln. Ich konnte nicht noch einmal erzählen, wie es mir wirklich geht. Es sollte nicht wieder so klingen, als würde ich mein Problem zum Thema machen. So gingen wir den Weg entlang und ich konnte mich ein wenig entspannen.

Aber so ganz verschwand das bedrückende Gefühl leider nicht. Es ging bergauf und wir überholten ein paar Touristen, anscheinend aus Ostösterreich, denn beim Überholen hörten wir ein paar Wortfetzen. So war es fast selbstverständlich, dass wir im Gleichschritt gingen und das Grüppchen hinter uns immer näherkam. Diese Aufholjagd war nicht gut für meine Kondition. Ich fühlte mich ein wenig getrieben. An Stehenbleiben war nicht zu denken.

Als wir den steilsten Anstieg hinter uns hatten, öffneten sich zwei Wege. Der eine führte genauso steil weiter, der andere flach und gerade. Als wir eine Pause einlegten und die Gruppe vor uns darüber diskutierte, welchen der beiden Wege sie nun wählten und warum, war mir klar, dass ich auf jeden Fall den bequemeren Weg wählen musste.

Sie nahmen den steilen Weg und wir den gemütlichen. So konnte ich mich beim Laufen gut erholen. Aber leider war es noch nicht vorbei. Immer wieder kam dieses Gefühl der

Enge und nicht genug Sauerstoff in die Lungen zu bekommen. So kamen wir zu einem »Liftstüble«, mit Terrasse und gedeckten Tischen, aber fast niemand saß dort. Die meisten blieben in der warmen Stube. Aber das war mir ganz recht. Einfach sitzen und frische Luft atmen. So ging es mir auch eine ganze Weile gut. Aber ich fühlte mich meiner Begleiterin gegenüber unbehaglich. Sie hatte sich auf eine kleine Wanderung gefreut, und es war sicher nicht schön, diesen Zustand schon wieder bei mir zu sehen. Es war mir wichtig, sie zu informieren, damit sie wusste, was los war und, falls es mir plötzlich schlechter gehen sollte, reagieren konnte und nicht verunsichert war. Als wir fertig waren, liefen wir den kürzesten Weg zurück zum Auto. Leider war es die ganze Zeit schattig und dicke Nebelwolken hatten sich vor die Sonne geschoben. Kurz vor dem Parkplatz überkam mich das nächste Gefühl: Was mache ich jetzt, wenn es mir beim Abstieg wieder so geht? Je näher wir dem Auto kamen, desto mehr zog ich mich in meine eigene Welt zurück und betete wieder.

Ich suchte das Gespräch nach oben, dass sie mich jetzt bitte unterstützen. Dann gingen wir einen schmalen Fußweg hinauf. Dort war ein Gasthaus, das vorübergehend geschlossen hatte. An der Wand waren frei zugängliche Bänke aufgestellt. Als die Sonne wieder in voller Kraft schien, fragte ich meine Begleiterin, ob wir uns nicht noch ein wenig in die Sonne setzen wollten. Sie war sofort damit einverstanden, da sie die gleiche Idee wie ich hatte. So nahmen wir uns noch ein wenig Zeit und genossen jeden Sonnenstrahl, den wir einfangen konnten.

Es war wunderschön. Eigentlich müsste es jetzt funktionieren, die Heimreise anzutreten, ohne noch einmal darüber reden zu müssen. Aber so war es nicht. Wir kamen zum Auto, ich fuhr aus der schmalen Lücke und meine Begleiterin stieg ein. Kaum waren wir von der Nebenstraße auf die Hauptstraße gefahren, ging es wieder von vorne los.
Meine Stimme versagte und ich war wie erstarrt. Es fühlte sich an, als wäre ich auf einer Etappenfahrt. Alles wurde von meinem Gehirn gesteuert. Alle Emotionen unterdrückt, nur noch vorwärts.

Hoffentlich kommt mir kein anderer Autofahrer in die Quere, dachte ich. Immer und immer wieder bat ich: Bitte lass den Verkehr fließen! Leise, damit meine Beifahrerin nicht hörte, was in meinem Kopf vorging. Dann kam eine lange Landstraße. 80 Stundenkilometer waren erlaubt. Das war für mich das Zeichen: Du hast es bald geschafft. Denn am Ende dieser Straße war der Parkplatz, auf dem wir uns ursprünglich verabredet hatten. Es war also vorhersehbar. Ich hatte es bald geschafft. Dann konnte ich nach Hause gehen. Mich ausruhen. Die Freude war so groß, dass wir unser Ziel erreicht hatten, dass sich meine Verkrampfung langsam löste, und als wir dastanden und ich den Motor abstellte, konnte ich mich auch wieder unterhalten.

Es sprudelte nur so aus mir heraus. Ich war selbst etwas überrascht, dass ich auf einmal noch so viele Themen zu besprechen hatte, und überforderte damit meine Begleitung völlig. Das spürte ich, als wir uns verabschiedeten und ich nach Hause fuhr. Ich war sehr erleichtert, aber auch schockiert über mich und meinen Zustand, den ich so noch nie erlebt hatte. Es war mir zum zweiten Mal passiert, mit ein und derselben Person. Sie hatte gesehen, wie ich mich in diesem bedrückenden Zustand befand. Mit mir stimmt etwas nicht. Das sind schon deutliche Zeichen, dass mein System überlastet ist und ich so nicht mit anderen Menschen zusammen sein sollte. Das ist mir nach diesen Ereignissen endgültig klar geworden.

Doch was dann kam, überstieg meine Vorstellungskraft. Was ich nun erleben durfte, stellte mein ganzes Selbstbild auf den Kopf. Ich wurde in eine Enge getrieben, wie ich sie noch nie erlebt hatte. Von einem Tag auf den anderen konnte ich nicht mehr in mein Auto steigen und losfahren. Allein schon der Gedanke daran löste bei mir Panik aus. Trotzdem wollte ich es versuchen. Ich machte mir Mut, wollte mich ausprobieren und nicht gleich eine längere Strecke fahren. So stellte ich mir bildlich vor, dass ich zuerst von unserer Privatstraße auf eine Nebenstraße fahre, um dann auf die Hauptstraße zu gelangen. Dabei wusste ich, dass ich jederzeit anhalten, aussteigen oder was auch immer tun konnte, wenn es mir zu viel werden sollte. Und so fuhr ich auf der Hauptstraße. Kein Auto vor mir. Wow. Ich war erleichtert. Alles lief gut. Ich redete mit mir selbst und konnte auch tief durchatmen, das half mir sehr. So ging es weiter, bis ich von Weitem eine rote Ampel sah, und davor standen schon drei Autos und warteten.

Zack. Aus. Vorbei. Luft sammelte sich in meiner Brust. Was mache ich jetzt? Einatmen, ausatmen, einatmen, ausatmen. Es kam mir wie eine Ewigkeit vor. Dabei stand ich vielleicht 30 Sekunden da. Dann sprang die Ampel auf Grün und der Verkehr löste sich auf. Ich fuhr über die neue Brücke, die gerade eröffnet worden war. Hinter dieser Brücke gab es eine neue Ampelschaltung. Da sich der Verkehr und der Schaltzyklus noch einspielen mussten, schaltete die Ampel direkt vor mir wieder auf Rot. Ich musste also anhalten und warten. Das war zu viel für mich. Ich klammerte mich wieder an mein Lenkrad und holte ganz tief Luft.

Ich betete: »Bitte hilf mir, lieber Gott! Bitte lass mich heil nach Hause kommen.« Das Atmen wurde wieder laut und intensiv. Ich atmete tief durch die Nase ein und durch den Mund aus. Das wiederholte ich so lange, bis die Fahrt wieder freigegeben wurde. Spontan setzte ich den Blinker nach rechts – nach Hause, sofort!
Mehr ging mir nicht durch den Kopf: Sofort nach Hause! Aber so schnell ging es nicht. Vor mir fuhr ein Lastwagen. So konnte ich nicht sehen, was vorne passierte. Der Lkw wurde immer langsamer, bis er schließlich stehen blieb. Ich musste auch stehen bleiben und merkte, wie mein ganzer Körper zu vibrieren begann. Ich versuchte, es zu unterdrücken, denn die Fahrt war noch nicht zu Ende.
Ich musste noch durchhalten. Nach Hause kommen. Soll ich noch irgendwo abbiegen?, fragte ich mich. Aber die Antwort kam schnell: »Nein, was machst du da? Du musst zurück auf die Straße. Irgendwie musst du nach Hause kommen. Also bleib und fahr weiter, halte durch.«
»Komm, du kannst es schaffen.« Das waren meine Worte, um mich zu beruhigen. Dann sollte ich mich auf einen neutralen Punkt konzentrieren – irgendwo an der Seite ein Baum, dann ein Berg in der Ferne, bis sich der Stau vor mir auflöste und der Lkw abbog.

Gut. Das Ziel war wieder in Reichweite. Jetzt ruhig bleiben und langsam beschleunigen. Abstand zum Vordermann halten, damit ich nicht wieder anhalten musste. So ging es. Ich kam zum Kreisverkehr und konnte gleich rechts abbiegen. Über die Brücke und dann wieder rechts. Gut, du hast es fast geschafft! Jetzt noch in unsere Sackgasse langsam rein und dann bist du zu Hause. Alles wird gut. So war es. Das Auto im Carport geparkt. Zu Hause angekommen und durchatmen. Den Stress abschütteln und durchatmen, durchatmen, durchatmen.

Das glaubt mir doch keiner. Was ist nur in mich gefahren? Ich mit meiner Panik beim Autofahren. Das kann doch nicht sein, dass mich eine kurze Strecke so aus der Bahn wirft. Das hieß für mich im Klartext: Endstation. Völliges Neuland. Was ist passiert? Wird das wieder? Muss ich jetzt zum Arzt oder in die Psychiatrie? Kann ich noch selbstständig handeln? Wie geht es weiter?

Ich musste mich erst einmal erholen, und so übernahm dieser Zustand die Kontrolle über mich. Eines wusste ich: Ich brauche jetzt Hilfe. Allein schaffe ich es nicht mehr. Wer konnte mir jetzt helfen? Vor allem durfte ich keine unnötige Zeit verlieren, denn die Signale waren mehr als deutlich geworden. Es gab nur einen Menschen, den ich jetzt um Hilfe bitten konnte: Es war die Frau, die uns ausgebildet hatte. Nur sie konnte mir Soforthilfe anbieten, das war mir klar.

Ich bekam schnell einen Termin bei ihr und sie nahm sich viel Zeit für mich. Sie erzählte mir von ihren Erfahrungen und Erlebnissen, die meinen ähnelten. Sie stellte mir einige Fragen, die ich nicht eindeutig beantworten konnte. So war mein momentaner Zustand einfach völlige Erschöpfung und meine Seele hatte sich von meinem Körper verabschiedet.

Meine Seele konnte nicht mehr mit mir leben. So half mir eine Sitzung, meine Seele wieder mit mir zu vereinen, und ich war körperlich und emotional wiederhergestellt Aber die Hauptaufgabe, die kam erst danach. Die Tage nach der Behandlung waren alles andere als entspannend oder erholsam.

Ich musste mich völlig aus den alltäglichen Aufgaben und Abläufen zurückziehen. Denn ich war nicht allein, mein Noch-Partner war auch im Haus und hatte selbst mit seinen Zuständen zu kämpfen: dem Tinnitus, den Angstzuständen, der schnellen Überforderung und Überreizung und so weiter.

Da waren wir also gelandet, zusammen in einem Haus, und wir mussten uns aus dem Weg gehen. Mein Zustand wurde sehr intensiv. Ich konnte seine Gegenwart nicht mehr ertragen. Allein die Vorstellung, mit ihm in einem Raum zu sein, nahm mir die Luft zum Atmen. Also zog ich mich so weit wie möglich zurück. Im Obergeschoss hatten wir einen Raum, der für den »energetischen Rückzug« zur Verfügung stand. Dieses Zimmer wurde meine Oase. Dort begann ich zu beten. Nie zuvor habe ich so intensiv um Hilfe gebeten. Ich setzte alles ein, was mir zur Verfügung stand, und wandte alles an, was ich gelernt hatte.

Ich musste jetzt auf mich selbst schauen. Viel zu lange hatte ich das ignoriert. Dachte, ich hätte schon zu viele Erfahrungen gemacht, die mich stark gemacht hätten, und ich wäre dadurch geschützt. Aber dem war nicht so. Das musste ich nun am eigenen Leib erfahren, damit ich mich noch besser in Menschen und ihre Befindlichkeiten einfühlen konnte.

So kam mein Vater ins Spiel. Er war vom Leben gezeichnet. Sein Leben lang mussten wir auf ihn Rücksicht nehmen. »Es geht ihm nicht gut«, sagte meine Mutter immer. Heute verstehe ich, was mit ihm los ist. Es geht um Traumata.
Ja, das wurde mir erst jetzt klar. Natürlich machte ich mir oft Sorgen um ihn. Viel zu oft hatte ich ihm meine Hilfe angeboten. Mehrmals hatte er sie abgelehnt. Er war wütend geworden. Wütend. Als Kind hatte ich Angst vor ihm. Es war immer ein Kraftakt, wenn ich mich ihm widersetzte. Ich brach immer in Tränen aus und dachte, ich sei zu schwach. Warum weine ich? Er fragte mich auch immer: »Warum weinst du jetzt?« Ich war ihm einfach hilflos ausgeliefert. Er hatte auch kein Mitgefühl. Ich hörte immer nur von seiner »schlechten Kindheit«. Es wurde nie anerkannt, dass ich auch Probleme hatte und Hilfe brauchte. Wenn ich es wagte, um Hilfe oder Anerkennung zu

bitten, kam meistens: »Uns hat auch niemand geholfen. Wir mussten uns selbst loben. Uns hat auch niemand geliebt, das haben wir nie gelernt.« Meine Eltern waren beide so.

Dann gab es noch meinen Bruder, der ein paar Jahre älter als ich war. Wir hatten nie viel miteinander zu tun. Meine Eltern hatten das auf den Altersunterschied zurückgeführt. Ich weiß nicht warum, aber wir hatten uns nie viel zu sagen, nur unser Leid klagen, das ging ganz gut. Wenn wir telefonierten, konnte ich oft nicht mehr zuhören. Immer waren die anderen schuld. Er hatte keine guten Erfahrungen gemacht. Auch er war traumatisiert von seinem Lebensweg, und so ist auch er vor ein paar Jahren dort angekommen, wo mein Vater war. Heute ist er nicht mehr in der Lage, einer geregelten Arbeit nachzugehen. Er hat Panikattacken und klaustrophobische Zustände und zog sich von allem und jedem zurück.

Und jetzt bin ich dran?
Die Kämpferin in der Familie. Die alles besser machen und neue Wege gehen wollte. Die Einfühlsame, die für alles Verständnis hat und nach Lösungen sucht. Dazu ein Partner an ihrer Seite, der selbst in einem traumatischen Zustand lebt: zuerst durch den Fahrradunfall, dann durch die Arbeitssituation, die ihn bis auf den letzten Tropfen ausgelaugt hatte, und als dann der Tinnitus kam, wurde er wie ein Putzlappen weggeworfen. Um mit diesen Erkenntnissen umzugehen, braucht man Zeit.
Das Erkennen gelingt nicht sofort. Denn ein Teil davon ist ja schon ein Leben lang da und alles andere schleicht sich so langsam ein.
Bis du nicht mehr kannst.

Ich hatte gekämpft, bis zum Ende. Wie ein wild gewordenes Huhn im Hühnerstall war ich umhergeirrt und hatte meine Lösung immer im Außen gesucht. Der Arbeitgeber war schuld. Die Kollegen waren schuld, die sind gemein. Die meisten sind falsch und bloß neugierig, nur wenige meinen es gut. Viele Fragen kamen wie Pfeile auf mich zu. Manchmal konnte ich mich gegen die Angriffe nicht wehren.

Dann kam der Rückzug. Neu anfangen. Neuer Arbeitgeber, neue Kollegen, alles soll besser werden. Verständnis, ein gutes Miteinander, Empathie, das hatte ich mir immer gewünscht. Stattdessen fand ich Feindseligkeit, Gespräche hinter dem Rücken, Verurteilungen, Bewertungen, Rechtfertigungen, Floskeln, falsche Darstellungen, Theater. Ich habe das immer sofort gespürt, wenn ich irgendwo war. Viele können das nicht so gut wahrnehmen, aber mir war es in die Wiege gelegt. Deshalb war es für mich die größte Anstrengung, damit umzugehen.

Heute bin ich mir dessen bewusst. Es war Zeit für eine Veränderung – eine grundlegende Veränderung. Das war jetzt die einmalige Chance für mich, alles hinauszulassen, was mich mein Leben lang gequält hat. Ich durfte mich neu erfinden. Diese Erkenntnis war zwar unglaublich schmerzhaft, aber auch notwendig, um erkennen zu können, was sich vor meinen Augen abspielte. Mit mir als Hauptdarsteller. Alles zur Seite schieben.

Meine einzige Aufgabe in dieser Situation war es, zu vertrauen und Geduld zu haben.

Mit diesen Worten richtete ich mich wieder auf.

Ich war angekommen.

Ich hatte mein Arbeitsverhältnis gekündigt und mich mit letzter Kraft aus dem System herausgezogen. Meine laufenden Bewerbungen hatten sich von selbst erledigt, worüber ich froh und dankbar war. Einfach zur Ruhe kommen. So konnte es nicht weitergehen, das wurde mir immer klarer.

Aber was soll ich tun? Einfach nichts. Geht das? Vertrauen und Geduld? Reicht das? Das war neu für mich: Die Zügel aus der Hand zu geben, völlig ins Vertrauen zu gehen, das fiel mir schwer.

Ich war jetzt zu Hause, bekam Absagen, über die ich mich sehr freute, und ein Vorstellungsgespräch stand noch aus. Diesen Termin hatte ich verschoben, weil ich nicht in der Lage war, das Haus zu verlassen.

Wieder dachte ich im Vorfeld: Das schaffe ich schon.

Ein paar Tage ausruhen und dann geht es wieder. Muss es ja. Als ich dann meinen persönlichen Termin bei der Arbeitsvermittlung hatte, kam wieder dieses Gefühl in mir hoch.

Ich hatte keine Chance, in ein Auto einzusteigen, geschweige denn, ein öffentliches Gebäude zu betreten, mit fremden Menschen zusammen zu sein und eine mögliche Wartezeit zu ertragen. Allein der Gedanke löste Panik aus. Ich wusste, jetzt muss ich zum Arzt.

Die Ärztin ist Allgemeinmedizinerin. Ich kannte in unserer Gegend keinen Arzt, dem ich meinen Zustand ohne Verschreibung von Psychopharmaka hätte schildern können. Diesen Schritt wollte ich möglichst vermeiden.

Also rief mein Partner dort an und fragte, ob ich einen Termin bekäme und dann möglichst gleich hingehen und die aktuelle Situation schildern könnte. Er fuhr mich hin, und ich spürte sofort den Widerstand, der sich in mir aufbaute. Ich riss mich zusammen und wollte der Sache eine Chance geben. Am Empfang angekommen, stand eine Frau mit Kind vor uns. Sie war wohl auch zum ersten Mal hier und so verzögerte sich die Anmeldung durch die Datenerfassung. Das war zu viel für mich. Ich verließ fluchtartig den Raum, drückte meinem Partner die Krankenkarte in die Hand und sagte: »Mach du das bitte!« Ich musste an die frische Luft, dort ging es mir besser. Der Raum, die Enge, das Warten waren einfach zu viel.

Dann kam er zu mir vor die Tür und sagte: »Du kannst sofort in ein Zimmer gehen, du musst nicht in den Warteraum, komm!« Also bin ich mit ihm gegangen. Rein, an der Anmeldung vorbei in einen Raum, und dort wartete ich. Eine Arzthelferin kam herein und fragte mich, ob ich das schon lange hätte. Ich gab ihr notgedrungen ein paar einfache Antworten, aber ich war nicht in Stimmung für ein Gespräch.

Ich war nervös, aufgeregt, der Raum war mir zu fremd und das Warten kam mir wie eine Ewigkeit vor. Es war also Zeit, mich wieder in den Griff zu bekommen in meinem Zustand. Ruhig bleiben, aushalten, das musste ich schon viel zu oft in meinem Leben.

Ich konnte fast nicht mehr. Es war ein Kraftakt. Sich gedanklich zu beruhigen und nicht zu wissen, wann die Ärztin zu mir kommt, wurde unerträglich. Im Nebenzimmer hörte ich sie reden. Da war ein Mann im Zimmer, und ich hörte, wie sie sich unterhielten. Ein normales Arzt-Patienten-Gespräch, aber für mich fast unerträglich. Ich hielt mir die Ohren zu, um die Lautstärke zu dämpfen.

So ging es einigermaßen. Die Frequenzen der Stimmen verursachten mir Schmerzen. Im Laufe der Jahre wurde ich nicht nur sensibler, sondern auch hellhöriger. So wurde es unerträglich, wenn ich in diesem Energiezustand war und mit den äußeren Reizen an einen Überforderungspunkt kam.

Die Assistentin kam kurz herein und fragte mich, ob ich in einen anderen Raum gehen wolle. »Ja, bitte«, sagte ich leise. Ich konnte es kaum aushalten. Im nächsten Raum stand ein Ledersessel, neu und modern, und ein schöner roter Vorhang, der eine wohnliche Atmosphäre schaffte, trennte den Bereich zur Liege ab. Ich öffnete das Fenster neben mir, die Praxis war im Erdgeschoss und ich konnte auf die angrenzende Wohnsiedlung schauen. So ging es mir besser. Frische Luft war in diesem Moment das Beste für mich, und ich musste meinen Blick gezielt auf verschiedene Objekte richten, um zur Ruhe zu kommen. Wieder eine gefühlte Ewigkeit lang versuchte ich, am Fenster meine Aufregung zu beruhigen, bis ich hörte, dass die Ärztin das Zimmer betrat.

Ein kurzer Scan und eine kurze Befragung zeigten ihr, dass ich mich in einem Ausnahmezustand befand. Als sie versuchte, mir einige psychotherapeutische Fragen zu stellen, um herauszufinden, wie ich mich selbst einschätze, erkannte sie sofort, dass dies nicht der richtige Zeitpunkt war, um über mich und die mögliche Ursache meines Zustands zu philosophieren.

Mein Wunsch und meine Bitte an sie war, mich krankzuschreiben, damit ich mich erst einmal orientieren konnte, um dann die weiteren Schritte zu definieren. Wohl wissend, dass zurzeit alle Psychotherapeuten ausgebucht waren und die Möglichkeit einer qualitativ guten Therapie nicht gegeben war, handelte sie richtig und gab mir noch ein paar Tipps, wie ich mich über YouTube zum Thema Parasympathikus, Sympathikus und Vagusnerv selbst therapieren kann.

Dann verließ ich die Praxis, wieder in Eile. Zu Hause wollte ich mich nur noch von den Eindrücken ausruhen, die ich gerade erlebt hatte. Es war mir unangenehm, so kannte ich mich nicht. Außerdem wollte ich mir die Beiträge ansehen und in meinem neulich gekauften Buch weiterlesen. Der Schritt zum Arzt war für mich schon ein gewaltiger Akt. Denn vor gut zwei Wochen hätte ich nicht gedacht, dass ich das brauche. Kurz erholen, raus aus der aktuellen Arbeitssituation und alles wird gut. Nein, diesmal nicht. Diesmal war Endstation.

Auch die Filme und das Lesen wurden anstrengend. Ich wurde noch sensitiver. Mein Gehör wurde noch empfindlicher. Ganz normale Geräusche wie das Rauschen eines Wasserkochers oder das Klimpern, wenn man Besteck in die Schublade räumt, wurden zur Zerreißprobe. Es gab nur noch einen Raum, in den ich mich zurückziehen konnte. Das war der »energetische Rückzugsort« in unserem Haus. Dort war ich sicher. Ich hatte mir auf dem Boden eine Art Bett gemacht und das Buch von Frank Alper dabei, dem Vater der atlantischen Entstehungsgeschichte, dem Meister der Kristallarbeit. Sein Buch *Erkenntnisse aus Atlantis: Transformation durch neue Energiemuster. Kristallheilung* gab mir die richtige Unterstützung.

Ich blätterte die Seiten durch, die für mich wichtig waren. Ich betete ununterbrochen, bat um Hilfe und lernte, die Worte laut auszusprechen. So fühlte ich mich in einem heilenden Moment, der mir geschenkt wurde. Durch diese Einkehr und auch durch die Bitte um Hilfe, vor allem an Gott, Jesus Christus und meine Seele, wurde mir im Laufe des Tages immer wieder etwas mehr Energie geschenkt.
Nach jedem Prozess, den ich durchmachte, musste ich weinen. Tiefe Trauer, Wut. Ängste, Bilder aus der Vergangenheit. Zurückweisungen, Misserfolge und aufgezwungene Denkmuster – all das durfte aus mir heraus. Jedem Tränenausbruch

folgte ein tiefes Durchatmen, das zur Erleichterung führte. So löste ich Stück für Stück meine angestauten Ängste, Blockaden und sogar Traumata auf.

Es dauerte drei Tage. Dann war der Gipfel erreicht. Nichts ging mehr. Nur noch mein Zimmer: Um 19 Uhr ging ich hinein und am nächsten Morgen um 9 Uhr wieder heraus. Das Einschlafen war quälend. Die Atmung war für mich immer noch das wichtigste Ventil, um über den Kopf noch Vertrauen zu finden.

Diesen Zustand wünsche ich niemandem auf dieser Erde. Und doch wurde mir klar, dass sich viele Menschen damit durch die Tage quälen.

Vor allem eines wurde mir bewusst: Mein Vater hatte es, solange ich denken kann. Doch mit zunehmendem Alter wurde es immer gegenwärtiger. Ich konnte immer weniger Verständnis für ihn aufbringen, denn es war immer dieses Wechselspiel zwischen »am Boden zerstört« und »hoch oben und überheblich«.

Plötzlich wurde mir klar, wie er sich gefühlt haben muss, als er immer wieder sagte »Ich werde nicht verstanden«. Wenn er beim Mittagessen keinen Mucks duldete. Wir mussten schweigen, weil er in Ruhe essen wollte. Wie er sich fühlte, wenn mein Sohn, als er klein war und schrille Laute von sich gab, zusammenzuckte und sich nicht über seine großartige Entwicklung freute, sondern seine dramatische Kindheit wieder durchlebte.

Wie sich sein Kindheitstrauma anfühlte, als die älteren Dorfkinder ihn jagten, bis er nicht mehr konnte und in einen Stall flüchtete. Dort umringten ihn die Jugendlichen und hielten eine Fledermaus in der Hand, die sie vor seinen Augen mit Nägeln und einem Hammer an einen Holzbalken nagelten. Die Fledermaus lebte noch, und einer der Jungen schrie meinen Vater an, der der Kleinste in der Runde war: »Das machen wir jetzt mit dir!«

Das war der Moment, als mein Vater als kleiner Junge um sein Leben rannte. Er rannte, weil er dachte, er müsse jetzt sterben. Es gab niemanden, der ihm helfen konnte. Seinen Vater kannte er nicht, der war schon tot. Es war Kriegszeit. Am 1. März 1939 wurde er geboren, sein Vater musste in einem Bergwerk arbeiten und wurde dort verschüttet. Seine Mutter musste mit zwei kleinen Kindern fliehen. Von Trient über Neumarkt in Südtirol ging es nach Osttirol bis nach Lienz. Dort lebten sie einige Zeit.

Aber die Zeiten waren hart und der Verdacht verfolgte ihn sein Leben lang, dass er nicht gewollt war. Denn er fühlte sich nicht angenommen. Liebe hatte er nicht bekommen. Aber er hatte seine Sinne und die waren geschärft durch den Überlebensinstinkt, den er entwickeln musste. Und dann war da noch ein »Bekannter« seiner Mutter. Sie brauchte Unterstützung. Mein Vater wusste als Kind nicht genau, welche Funktion dieser Bekannte hatte, aber auch er prägte ihn. Das nächste Kindheitstrauma: Es war Heiligabend, alle freuten sich auf das große Fest. Geschenke gab es nie, dafür waren sie zu arm. »Wenn du was zu essen willst, musst du mir was besorgen«, sagte seine Mutter.
An jenem Heiligabend waren sie bei dem Bekannten, der sturzbetrunken mit einer Axt in der Hand vor einem Holzschrank saß. Mein Vater glaubte, dass in diesem Schrank ein Geschenk für ihn war. Er stand hoffnungsvoll vor dem betrunkenen Bekannten, der im Suff die Axt schwang und schrie: »Na, versuch doch mal, den Schrank aufzumachen!«

Dieses Erlebnis hatte sich bei meinem Vater so eingeprägt, dass er sich während meiner Kindheit jedes Weihnachten zurückzog. Viele Jahre lang mussten wir immer auf seinen Zustand Rücksicht nehmen. Das belastete auch meine Mutter und mich. In den letzten Jahren ist er schon in der Vorweihnachtszeit »down« und kommt nach Silvester langsam wieder aus diesem Zustand heraus. Er hilft sich mit viel Schlaf und völligem Rückzug.

Aber warum erzähle ich das? Weil ich erst jetzt in der Lage bin, diese Geschehnisse nachzuempfinden. Mir liefen gerade die Tränen über die Wangen, weil mir klar wurde, wie ungerecht und gemein diese Erlebnisse für ihn waren, sodass er nie sein volles Potenzial entfalten konnte. Außerdem nahm er uns ein gutes Stück Kindheit und war nie für uns da. Er konnte seine Vorbildfunktion nie leben und wir Kinder haben das natürlich vermisst. So wurden wir in eine traumatisierte Familie hineingeboren, bis uns das Trauma selbst ereilte – und die damit verbundene Auflösung.

Von meiner Seite gibt es keine Schuldzuweisungen. Wir wählen die Familie, in die wir hineingeboren werden. Wir schließen einen Vertrag mit unserer Seele, bevor wir auf die Welt kommen. Leider sagt uns das niemand. Das ist die Herausforderung. Erkenne, warum du hier bist.

Meine Aufgabe wurde immer klarer. Ich habe mich für andere aufgeopfert und mich immer verpflichtet gefühlt zu helfen, weil ich vieles erkannt habe. Ich habe geglaubt, dass ich etwas bewirken kann, wenn ich anderen Menschen auf ihrem Leidensweg zur Seite stehe. Bis ich meine eigenen Grenzen kennengelernt habe. Dann wurde mir klar, dass jeder für sein Leben selbst verantwortlich ist.

Wir sind aufeinander angewiesen. Wir können einander unterstützen und voneinander lernen. Aber jeder hat seine eigenen Lernaufgaben zu bewältigen. Und wenn wir einmal völlig vom Weg abkommen, der für uns vorgesehen ist, dann werden wir wieder auf den richtigen Weg zurückgeführt. Das ist nicht immer angenehm, aber notwendig.

Das kann so aussehen, dass uns der Boden unter den Füßen weggezogen wird. Oder wir geraten ins Wanken. Es fühlt sich an wie kurz vor der Ohnmacht, wie wenn der Strom ausfällt und man alle Funktionen wieder hochfahren muss, um am »normalen« Leben teilnehmen zu können. Nenn es, wie du willst. Der modernste Begriff ist wahrscheinlich *Burn-out*. Ich bin kein Freund davon. Denn wenn wir verstehen lernen, dass das Leben mit Aufgaben und Herausforderungen verbunden ist und wir uns zu sehr entfernt und abgelenkt haben, dann werden wir wieder auf den richtigen Weg gebracht.

Das kann sich so anfühlen, wie es sich für mich angefühlt hat.

Ein kompletter Reset. Wenn man sich mal zwei, drei Wochen oder Monate aus dem Funktionsfeld herausnimmt und sich nur mit sich selbst und seinen Gefühlen beschäftigt, dann spürt man wieder, wer man eigentlich ist. Das ist aus meiner Sicht der Moment, in dem wir wieder zurückkehren müssen zu uns selbst und zu unserem innersten Kern, der uns führt und der das auch gerne und leidenschaftlich tut.

Der weiß, warum wir die eine oder andere Erfahrung machen mussten. Die Aufgaben stellen sich von selbst, immer wieder, bis wir sie durchlaufen haben. Wir können sie auch umgehen, das ist unsere Freiheit. Aber wir werden immer wieder dorthin geführt, um uns zu stellen.

Damit war ich am Ende meiner »Superkräfte« angelangt. Das jahrelange Aushalten und Einfühlen in alle Lebensbereiche meiner Angehörigen hatte meine Reserven endgültig aufgebraucht.

Der Anfang war im März 2023, als ich mir eingestehen musste, dass ich mich nicht mehr in einer intakten Liebesbeziehung befand. Dann kam der Morgen beim Frühstück, als ich es endlich meinem Partner sagen konnte. Da brach eine Mauer in mir zusammen.

Wir haben beide bitterlich geweint und uns umarmt, weil wir wussten, dass der Moment gekommen war.

Wir mussten uns trennen.

Jeder musste seinen eigenen Weg gehen.

Wir hatten uns zu weit voneinander entfernt und waren auf unterschiedlichen Ebenen des Verstehens angelangt. Diese Erkenntnis war schon lange da, aber wir hielten daran fest, weil wir ein gemeinsames Kind hatten.

Dieses Kind ist unser größter Segen. Es machte uns zu Eltern, die ihren Fokus völlig veränderten.

Das Zentrum unseres Lebens, es wurde behütet und beschützt. So war es für uns selbstverständlich, ihn in all seinen Entwicklungsprozessen zu unterstützen.

Auch wenn das bedeutete, dass wir unsere Interessen zurückstellen mussten, merkten wir durch seine eiserne Disziplin, dass er ein sportliches Talent hat. Egal bei welchem Wetter, egal zu welcher Uhrzeit – er ging vor das Haus, ganz allein, und trainierte. Er schoss die Bälle an unser Garagentor, baute sich Parcours und gab sich selbst Trainingseinheiten vor.

Diese Regelmäßigkeit führte dazu, dass er sich für eine Akademie begeisterte und mit zwölf Jahren in kürzester Zeit den Einstieg schaffte. Wir wurden von Eltern gefragt, wie sein Werdegang war. Denn viele der anderen Spieler waren durch die Schule oder andere Förderungen schon länger etabliert.

Mein Sohn hatte es selbst geschafft. Ganz allein, ohne unser Zutun. Er hatte ein paar Trainingseinheiten, bis der Trainer ihn in den Kader aufnahm. Von da an war er in der Mannschaft und wurde von allen mit Respekt behandelt. So dominierte der Sport die Wochenenden und bestimmte unseren Alltag. Viermal die Woche wurde trainiert und jedes Wochenende war ein Auswärtsspiel, in allen Bundesländern in Österreich und auch in größeren Städten in der Grenzregion.

Zu diesem Zeitpunkt besuchte unser Kind noch die Regelschule in unserer Wohngemeinde. Mit diesem zusätzlichen sportlichen und zeitlichen Sprung stieß ich leider auf wenig Entgegenkommen der Lehrer in seiner Schule. Seine Klassenlehrerin war eine nette Frau, die schon eigene Kinder erzogen hatte und sehr viel Einfühlungsvermögen für jeden Schüler aufbrachte. Sie versuchte alles, was in ihrer Macht stand. Bedauerlicherweise war sie die Einzige. Alle anderen Lehrer verlangten, was im Lehrplan stand, ohne Rücksicht auf unsere schwierige Situation. Es kam vor, dass er freitags direkt nach der Schule mit dem Mannschaftsbus losfuhr und erst am Sonntagabend wieder nach Hause kam.

Da blieb keine Zeit für Hausaufgaben oder Lernen.

Für seine Selbstständigkeit und persönliche Entwicklung war das ein unglaublicher Vorteil. Aber den Spagat zwischen Schule und Training musste ich größtenteils ausgleichen. In seiner Welt gab es nichts anderes. Er musste nur gut und viel trainieren, um noch besser zu werden. So sah er das Leben.

Seine Tages- und Wochenstruktur war so eng, dass es nicht möglich war, ihm andere Ziele anzubieten. Wir waren in diesem Strudel gefangen, denn er verschloss sich allen anderen Bildungswegen. Er hatte nur eine Vision.

Im Frühjahr 2022 begann dieser Einstieg, und daraus ergab sich die weiterführende Schule für ihn, die sich direkt neben seinem Ausbildungsplatz befand. Die Schule war durch den kirchlichen Aspekt eines Klosters geprägt und verlangte viel Disziplin nach außen.

Ab dem Eintritt in diese Schulform im September 2023 wurde es für uns sehr schwierig, mit ihm zu sprechen.

Das größte Hindernis war, dass mein damaliger Partner, mit dem ich noch im selben Haus wohnte, nach 16 Jahren im selben Unternehmen gekündigt wurde.

Das hatte sich schon länger angedeutet. Zuerst der Fahrradunfall, der Sturz mit der Gehirnerschütterung, dann der Tinnitus, der ihn an die Grenze seiner Belastbarkeit gebracht hatte. Im Frühjahr 2023 musste er deshalb zum ersten Mal krankgeschrieben werden, weil das ständige Piepen im Ohr so laut war, dass er unter Dauerstress stand.

Das wirkte sich auf sein gesamtes Umfeld aus. Nicht nur wir zu Hause, sondern sein gesamtes Arbeitsumfeld verstand dieses Verhalten von ihm nicht. Man kann es so beschreiben: Er hatte ständig diesen Ton im Ohr, der wie ein Topf klang, der seit Stunden auf der Herdplatte kocht und bei dem die Hitze nur durch eine kleine Öffnung entweichen kann, was zu einem schrillen Geräusch führt.

Von außen erkennt das niemand.

Er hatte diesen Zustand zu lange verdrängt und wusste nicht, was er dagegen tun sollte.

So öffnete sich dieses Ventil wieder und wieder. Aber die Außenwelt war damit überfordert und interpretierte sein Verhalten in ihrer eigenen Geschichte.

Leider kam alles zusammen: das Ende unserer Partnerschaft, die Krankheit meines Partners, der straffe Sportplan unseres Sohnes, der Schulwechsel in eine Ganztagsschule und die erste große Teenagerliebe.

Das alles passierte zwischen Frühjahr und Herbst 2023. In dieser Zeit bin ich eingesprungen. Ich bin eingesprungen, weil mein Partner nicht mehr konnte.

Er musste sich um sich selbst kümmern, und ich habe ihm alles abgenommen, was ich konnte.

So konnte er sich seiner größten Angst stellen: zu versagen. Sein ganzes Leben lang hatte er funktioniert. Hatte seine Bedürfnisse hinter alles andere gestellt. Er hat uns ein wunderbares Zuhause gebaut und uns finanziell nach Kräften unterstützt. Das funktionierte natürlich nur, weil auch ich immer arbeitete und sehr anspruchslos war. Kein Urlaub am Strand, keine Kosmetik oder Fußpflege, kein regelmäßiger Friseurbesuch, kein Restaurantbesuch, so viel wie möglich selbst machen, secondhand einkaufen und so weiter. Aber wir hatten es geschafft, ein Haus zu haben und unseren finanziellen Verpflichtungen nachzukommen. Ohne Hilfe von außen. Wir hatten kein Grundstück geschenkt bekommen. Von den Eltern hatten wir auch keine Finanzspritze bekommen. Keinen Cent. Das alles ist uns selbst gelungen.

Und dann kam der Zusammenbruch. Die Angst zu versagen. Uns nicht mehr finanzieren zu können. Er war müde und konnte nicht mehr. Der Tinnitus war sein ständiger Begleiter. Ständig, den ganzen Tag und die ganze Nacht. Er hörte nicht mehr auf.

So versuchte ich, ihm mit meinen erlernten Fähigkeiten Linderung zu verschaffen. Durch die Energie- und Heilarbeit mit Kristallen und göttlichen Energien war ich überzeugt, ihm helfen zu können. Und das tat ich. Obwohl wir uns getrennt hatten, gab ich ihm alles Wissen weiter, das mir gegeben wurde, und konnte ihm so immer wieder Linderung verschaffen.

Heute weiß ich, dass nicht ich ihn heilen kann. Er trägt den Schlüssel in sich, und es ist seine Aufgabe, die richtige Tür zur richtigen Zeit zu öffnen. Ich kann zu einer momentanen Besserung beitragen, indem ich den größten Druck lindere oder erträglicher mache. Heilarbeit ist aber kein Freifahrtschein.

Sie stimuliert die Arbeit an dir und in dir, aber sie nimmt dir nichts ab.

So war dieser Sommer geprägt von: Ich habe meinen Job gekündigt und mich einfach um mich, mein Kind, meinen Ex-Partner und die aktuelle Situation gekümmert. Denn im Juli kam die Kündigung. Im Krankenstand. Nach 16 Jahren in ein und derselben Firma.

Nach Jahren, in denen der Fokus für und auf die Firma gerichtet war. Kaum krankgemeldet in all den Jahren. Nur wenn er nicht aus dem Bett kam. Man hatte ihn weggeworfen wie einen alten Putzlappen, der ausgedient hatte. Was das mit einem Menschen macht, möchte ich nicht weiter ausführen.

Ich habe die Herausforderung angenommen, konnte es schaffen. Ich hatte in meinem Leben schon so viel getragen und ertragen und dachte, ich schaffe das. Aber ich schaffte es nicht. Und so kam es, dass wir beide nicht mehr konnten – leider gerade dann, als unser Kind uns gebraucht hätte. Die Schule wurde zur Qual. Er konnte dort nicht ankommen. Er war den ganzen Tag weg, dann das ganze Training. Um 7 Uhr morgens ging er aus dem Haus. Gegen 21 Uhr kam er nach Hause. Ist buchstäblich ins Bett gefallen, um am nächsten Tag wieder zu trainieren.

Zu dieser Zeit war ich nur in der Lage, ihn frühmorgens zur Schule zu fahren. Danach kam ich nach Hause, erledigte das Nötigste und musste mich wieder hinlegen, genau wie mein Partner. Wir hatten keine Kraft mehr. Dazu kam noch, dass wir uns in unserem eigenen Haus aus dem Weg gehen mussten. So zog sich das hin.

Der Lichtblick, den unser Sohn in dieser Zeit hatte, war seine Freundin. Sie hatte eine wunderbare Ausstrahlung und sie liebten sich. Das konnte man spüren. Es war eine junge Liebe, die den beiden viel Kraft abverlangte, denn sie hatten einige Neider. Dazu gehörten auch die Eltern, die von außen ihr Urteil abgaben. Vor allem die, die nicht verstanden, dass in diesem Alter eine Liebe gelebt werden kann. Die beiden hatten keine Angst und hielten zusammen. Auch wir als Eltern mussten lernen, das zu akzeptieren. Sie waren ein starkes Paar. Sie stützten einander, und das führte auch dazu, dass er sich immer mehr von mir distanzierte.

Er war nie ein Geschichtenerzähler. Schon im Kindergarten, wenn ich ihn fragte, wie sein Vormittag war und was er erlebt hatte, kam selten etwas. Auch in der Schule und überhaupt. Aber jetzt hatte seine Freundin den ersten Platz eingenommen und er erzählte mir gar nichts mehr. Ein Schutzmantel lag um diese junge Liebe und ich wurde ausgeschlossen.

Durch die angespannte Situation zu Hause distanzierte er sich immer mehr von uns Eltern und machte alles nur noch mit sich selbst aus. Das zeigte sich in der Schule, im Sport und in seinem ganzen Verhalten. Genau zu diesem Zeitpunkt kündigte sich eine Möglichkeit an. Ich war einerseits erleichtert und andererseits sehr erschrocken, als klar wurde, dass sein Vater für sechs Wochen in die Reha gehen würde.

Damals war ich kaum in der Lage, einfach ins Auto zu steigen und loszufahren. Ich konnte mich nicht lange auf den Beinen halten, weil mir die Kraft fehlte. Zustände wie Panik und Angst waren so stark, dass ich das Haus am liebsten gar nicht verlassen wollte. Davor hatte ich am meisten Angst: dass in diesen sechs Wochen niemand da sein würde, der mir helfen würde, wenn ich nicht mehr konnte.

Die ganze Situation war für den jungen Heranwachsenden zu diesem Zeitpunkt schon sehr belastend. Sein Vater war krank und hatte dieses ständige Pfeifen im Ohr. Mein Sohn vertraute sich in der Schule mal jemandem an. Der fand das lustig und machte Witze darüber. Und so kam es, dass die anderen es auch mitbekamen. Er zog sich in der Schule immer mehr zurück. Viele machten Witze darüber. Es gab auch einen neuen Trainer, der ihn einfach ignorierte. Egal was mein Sohn machte, er war Luft, und andere Sportkameraden, die die Gabe hatten, sich in den Vordergrund zu spielen, wurden bevorzugt.

Das war sein Urteil – er konnte mit der Situation nicht umgehen.

Ich konnte nichts machen, sein Vater war in der Reha und er war überfordert. Vonseiten der Lehrer wurde sein Verhalten absolut falsch eingeschätzt. Es dominierte das Schwarz-Weiß-Denken. Empathie war nicht möglich, dafür gab es kein Personal Der Klassenvorstand musste sich mit Lehrerkollegen auseinandersetzen, die mit einzelnen Schülern in der Klasse nicht zurechtkamen.

Und die Lernbetreuerin für die Hausaufgabenbetreuung am Nachmittag sagte mir wortwörtlich. »Da können wir nicht helfen! Dafür haben wir keine Kapazitäten und dafür sind wir auch nicht ausgebildet.«

So war er schon früh herausgefordert, eine eigene Entscheidung zu treffen.

Die Schule war für ihn zur falschen Wahl geworden. Er konnte sich niemandem anvertrauen und wurde auch nicht aufgefangen. Wer nicht in das Schulschema passt, wird fallen gelassen. So war es auch im Sport. Er hätte damals einen Coach gebraucht. Einen, der ihm unter die Arme greift. Es gab einen Physiotherapeuten, der für die ganze Mannschaft da war. Er war der Einzige, der Zugang zu ihm und den anderen Spielern hatte. Meinem Sohn blieb nichts anderes übrig, als sich wegen der Sportverletzung immer mehr aus dem Training zurückzuziehen. Aus einer Woche wurden zwei, dann vier, dann sechs Wochen.

Sein Vater versuchte von der Reha aus, durch den Leiter Unterstützung zu bekommen. Die Versprechungen kamen und unser Sohn verschloss sich immer mehr und schaltete auf Durchzug, bis er seine Entscheidung traf: Er wollte aussteigen. Er hatte in seinen jungen Jahren schon ein gutes Gespür entwickelt, mit welchen Menschen er sich umgeben wollte.

Der Umgangston war schlecht. Es gab immer nur Vorwürfe und Schuldzuweisungen, und er selbst erkannte diese erniedrigende Form. So traf er seine erste und wichtigste Entscheidung selbst.

Sein Traum, seine Vision, für die er so hart gearbeitet hatte. Er wollte raus aus diesem Umfeld. Er tat diesen Schritt aus freien Stücken.

Es war ein schwerer Schritt. Wir konnten ihn dabei nicht begleiten, weil uns unser eigener Gesundheitszustand im Griff hatte.

Von außen betrachtet könnte man sagen: Das muss so sein. Aber wenn es dich selbst betrifft, dann tust du alles, was du kannst. Denn welcher Elternteil möchte sein Kind nicht so gut wie möglich begleiten und auffangen, wenn es nötig ist. So ist in dieser Zeit mein Buch *Glaub an dich, mein Kind!* entstanden

Ich musste erleben, dass ich keinen Einfluss nehmen konnte. Ich musste die Zügel aus der Hand geben. Alles, was mir in dieser Zeit blieb, habe ich in diesem Büchlein als Ratgeber zusammengefasst.

Es war in erster Linie für mein Kind geschrieben, denn ich merkte, dass ich keinen Zugang mehr hatte. Ich sah die ständige Enttäuschung in seinem Gesicht. Hinzu kam, dass er sich mehr auf seine Freundin und deren Elternhaus fixiert hatte. Alles war fremdbestimmt. Er bevorzugte alles, was dort gelebt wurde. Jedoch die größte Schwierigkeit, die sich mir stellte, kam noch: eine freikirchliche Gemeinde. Jeden Sonntag ging man in diese besondere Messe. Aus Neugier schaute ich mir das einmal an. Auch ich bin dem göttlichen Glauben zugewandt, aber ich brauche dafür kein wöchentliches Ritual in einer Gemeinschaft. An jenem Sonntag wollte ich es wissen. Ich bin mit meinem Sohn und seiner Freundin dorthin gegangen, wo die Messe stattfindet. Du wirst herzlich umarmt und in diesen Kreis aufgenommen.

Das gefällt dir als 13-Jähriger, der Anerkennung sucht. Es gibt dir ein gutes Gefühl. Aber dieser Raum, in dem die eigentliche Messe stattfindet, ist wie eine Bühne in einem Konzertsaal.

Mit der traditionellen Messe im Christentum hat das rein gar nichts zu tun. Ich will hier nicht weiter darauf eingehen, was ich an diesem Sonntag für mich empfand. Aber immer wieder kam die Aufforderung mitzugehen. Mir waren die Hände gebunden, denn seine Freundin war begeistert und wollte ihn unbedingt immer dabeihaben Ich werde die Momente nie vergessen, als er am Sonntagmorgen vor unserer Haustür abgeholt wurde und in diese Kirche ging.

Leider gab es noch unzählige andere Aktionen, bei denen er für andere mitgenommen wurde. Denn es gab immer mehr Freizeitaktivitäten.

Ich hatte nur noch die Möglichkeit, die Worte aufzuschreiben, die in dieser Zeit aus mir herauskamen. Das gab mir den nötigen Halt und die Kraft, das alles durchzustehen. Mir wurde in dieser Zeit alles genommen. Ich hatte niemanden, mit dem ich darüber hätte reden können. Nur meine Seele führte mich. Ich dachte, wenn ich sterbe, hinterlasse ich meinem Kind die nötigen Worte, an denen es sich festhalten kann, um den richtigen Weg zu finden.

Mein Sohn hat es nie gelesen. Meine Worte haben ihn bis heute nicht interessiert. Er geht seinen eigenen Weg. Seine Entscheidung, dieses sportliche Umfeld aufzugeben, hat er bis heute nicht bereut. Der nächste Schritt, die Schule zu verlassen, war seine nächste Entscheidung.

Einer meiner größten Wünsche: Ich wollte immer mit offenen Karten spielen, auch wenn es schmerzte. Ich wollte ihm klarmachen, dass ich keine Liebesbeziehung mehr zu seinem Vater habe. Dennoch leben wir weiterhin in einem gemeinsamen Haushalt. Ganz einfach, weil sich unser beider Gesundheitszustand noch nicht verbessert hat. Aber durch das Gespräch wurde es erträglich, weiterhin in einem Haus zu leben. Ich nutzte immer wieder die Gelegenheit, ihm im Beisein seines Vaters über den aktuellen Stand der Beziehung zu berichten.

Beim ersten Mal brach er innerlich zusammen. Er musste weinen, weil für ihn in diesem Moment das Bild einer heilen Familie einstürzte. Ich versuchte, ihm zu erklären, dass sich für ihn nichts ändern würde. Er konnte das nicht verstehen. In seinem Freundeskreis gab es genügend Beispiele, wie sich Eltern in Trennungssituationen verhalten.
Das ging bis zum Rosenkrieg um die Kinder, mit Streit, Gewalt und Aggression. So blieb uns nichts anderes übrig, als ihm eine neue Form der Trennung vorzuleben. Da wir uns als Partner nach wie vor sehr gut verstehen und mehr als nur beste Freunde sind, lässt es sich so gut leben. Ich kenne den Vater meines Sohnes besser als er sich selbst. Warum sollte ich mich in einer Phase der Verletzung von ihm trennen, wenn wir uns in dieser Zeit gegenseitig unterstützen können!
Dass wir uns in unserer Beziehung auseinandergelebt haben, war schon lange so. Aber wir hatten es nicht bemerkt. In der Gemeinschaft funktionieren wir gut. Deshalb sind wir so weit gekommen.

In dieser Phase des Loslassens mussten wir uns erst wieder finden. Es war, als ob ein Zug entgleist und irgendwo am Boden liegen geblieben war. Es dauert eine Weile, bis der Zug wieder aufgerichtet ist und weiterfahren kann. So ging es uns.

Unsere Aufgabe war es, unserem Sohn etwas vorzuleben und mit auf seinen Lebensweg zu geben.

Das ist uns gelungen. Denn durch das, was wir gelebt haben, konnten wir ihm zeigen, dass eine Trennung nicht immer das Ende bedeutet. Für ihn hat sich nichts geändert. Das habe ich ihm versprochen und das haben wir beide gehalten. Bis heute. Das gab ihm die Kraft, sich einer neuen Herausforderung in seinem Leben zu stellen.

Es kam für mich plötzlich und unerwartet. Die junge Liebe, die nun schon über ein Jahr als Beziehung gelebt wurde, löste sich freundschaftlich auf. Wegen unterschiedlicher Interessen. Genau zu dem Zeitpunkt, als sein Großvater nach einem langen Lebenskampf am Ende seiner Kräfte angelangt war. So wurde er noch einmal auf die Probe gestellt. Er trug die Entscheidung mit Fassung und wurde mir gegenüber endlich etwas gesprächiger. Er öffnete sich und erzählte mir Einzelheiten, die er mir lange vorenthalten hatte. Alle meine Vermutungen bestätigten sich, aber es war sein Lernprozess, den er durchlaufen hatte.

Meine Aufforderung und Ermutigung an ihn lautete stets:

Steh zu dir und entscheide für dich, was du wirklich willst.

Lass dich nicht zu Handlungen überreden, die du nur um eines anderen willen tust. Denn so war es lange Zeit. Er hatte zu lange mitgespielt. Er wollte mitspielen. Zu lange hatte er die Launen anderer erduldet und ertragen. Das war der Hauptschmerz dieser Zeit für mich: dass ich zusehen musste, wie er Dinge tat, die er nur tat, damit seine Liebsten glücklich waren.

Er trug in dieser Zeit so viel, dass er fast daran zerbrochen wäre. Aber er schaffte es allein. Er dachte, er könnte nicht ohne sie sein. Aber er kann es. Er ist selbstbewusst und kann immer schneller Entscheidungen für sich und sein Leben treffen. Heute ist er 15 Jahre alt und hat ein stabiles Fundament an Erfahrungen für sein weiteres Leben.

Ich bin mir sehr sicher, dass wir unserer Vorbildfunktion zu mehr als 100 Prozent gerecht geworden sind. Wir waren ehrlich – zu ihm, aber vor allem zu uns selbst als Liebespaar. Wir leben nicht in einer Blase der Bequemlichkeit, sondern sind den schmalen Grat gegangen.

Jeder für sich, mit dem Gefühl des Absturzes im Nacken. Oft sind wir hingefallen und liegen geblieben, weil wir nicht wussten, ob es sich lohnen würde, wieder aufzustehen. Aber wir sind aufgestanden.

Jeder in seinem Tempo.

Was ist heute, möchtest du wissen?

Wir leben immer noch zusammen in einem Haus und werden das auch weiterhin tun, bis das Leben uns einen neuen Weg weist. Denn wir funktionieren immer noch als starke Partner zusammen.

Als wir uns im März 2022 als Liebespaar trennten, war es vor allem für mich unvorstellbar, dass wir weiterhin zusammenwohnen. Dieser Gedanke brachte mich an meine Grenzen. Trennung heißt für mich ausziehen, jeder in seiner eigenen Wohnung. Ich wollte auf keinen Fall in diesem gemeinsamen Haus wohnen. Wir hatten alles gemeinsam so aufgebaut, wie es heute ist. Es wäre mir nie möglich gewesen, einen neuen Mann in diesen Räumen willkommen zu heißen, geschweige denn ihn hier übernachten zu lassen.

Darum hatte ich die ganze Umgebung überprüft, ob es etwas gäbe, das zu mir passen könnte. Von der Wohnung bis zum Haus. Es war nichts dabei, was mich zu diesem Schritt ermutigt hätte. Meine Reserven waren noch zu wenig gefüllt, um einen so radikalen Weg zu gehen. Da ich die ganze Zeit im Seelentalk war, konnte ich mir die eine oder andere Fehlentscheidung ersparen. Immer wenn ich eine Aufbruchstimmung spürte und die Energie hatte, mich einer Veränderung zu widmen, befragte ich meine Seele. Die Antworten kamen klar und ich konnte immer schneller reagieren.

Das Leben verlangte alles von mir. Es war Feiertag in Österreich und ich wollte meine Eltern besuchen. Da ich in der Nähe wohnte, war es in den letzten Jahren zur Selbstverständlichkeit geworden, dass wir ab und zu gemeinsam nach dem Rechten sahen. Mein Vater war vom Leben schwer gezeichnet. Er war seit vielen Jahren Diabetiker, und durch die schwere körperliche Arbeit in all den Jahren waren seine Knorpel in den Knien verschwunden. Das hatte zur Folge, dass er seit vielen Jahren nicht mehr ohne Gehhilfe laufen konnte. Hinzu kamen starkes Übergewicht, ein schwaches Herz und zu guter Letzt ein Nierenkarzinom. Er hatte einen unbändigen Glauben an sich und seinen Willen. Das hatte ihn durch alle Täler und Schluchten seines Lebens getragen. Er mochte sich nichts vorschreiben lassen und hatte das Vertrauen in die Ärzte verloren. So distanzierte er sich immer mehr von der Realität und baute sich seine eigene Welt auf. Ich bin mir sicher, dass die Art und Weise, wie er sich Insulin spritzte, und auch die Tatsache, dass er seinen Konsum nicht einschränken konnte, viel zu seinem Gemütszustand beitrugen.

Sein Leben war sehr hart. Er musste sich allein durchschlagen. Er hatte niemanden, der sich um ihn kümmerte. Außer mir. Ich konnte in ihm lesen, hatte das nötige Einfühlungsvermögen in seine Krankheit und in sein Leben. Ich fühlte mich immer ein bisschen für ihn verantwortlich. Es gab Phasen in seinem Leben, in denen ich ihn unterstützte und für ihn kämpfte. Ich hatte immer einen großen Gerechtigkeitssinn. Wenn vor meinen Augen etwas passierte, das jemanden benachteiligte, stand ich auf und mischte mich ein.

So habe ich schon früh Verantwortung für meine Eltern übernommen, obwohl sie mich nie darum gebeten hatten. Ich merkte es einfach. Es war niemand da, der hätte helfen können, also habe ich das übernommen. So war es in meiner ganzen Kindheit. Mein Vater war nur selten zu Hause. Er musste arbeiten und brachte das Geld heim.

Meine Mutter war bei den Kindern. Immer wieder frage ich mich, wo mein Bruder all die Jahre war. Er war doch der Ältere. Er war mein großer Bruder, der nie da war. Ich fühlte mich immer als Einzelkind, daher kommt auch mein unglaublicher Kampfgeist. Die Kraft, die in mir steckt, mich jeder Herausforderung zu stellen. Es gibt wenig, wovor ich zurückschrecke. Bei mir gibt es kein Gerede darüber, wer was und wie viel geleistet hat, weder mein Vater noch mein Bruder. Als ihm das Leben zu viel wurde, gab er auf. Er zog sich zurück, machte sein eigenes Ding, ließ sich ein bisschen gehen. Das war nicht schön anzusehen. Nach außen war er ein gut aussehender, starker Mann. Aber als er nicht mehr konnte, vernachlässigte er sich selbst. Er wollte nicht mehr sprechen. Er konnte vieles nicht mehr hören. Immer stiller wurde er. Manchmal wurde er noch laut – immer dann, wenn er sich nicht mehr beherrschen konnte. Es war nicht schön, das mit anzusehen.

Und doch waren mein Partner und ich da. Mein Partner hatte eine Verbindung zu meinem Vater. Es war, als wären es seine Eltern. Er kam immer mit zu Besuch. Und wenn es Hilfe brauchte, war er da. Er tat, was ein Sohn für seinen Vater tun würde. Ohne Gegenleistung, ohne Erwartungen – einfach, weil es nötig war. Bis zuletzt war er an meiner Seite und ging mit mir den letzten Weg.

An dem besagten Feiertag wollten wir nur nach dem Rechten sehen, ob alles in Ordnung ist oder ob etwas fehlt. Als meine Mutter mir die Tür öffnete, war es anders als die vielen Male zuvor.

Sie sagte nur: »Papa geht es nicht gut. Er liegt auf dem Sofa und ich kriege ihn nicht mehr hoch. Schon seit gestern. Kannst du mir helfen, ihn aufzurichten?« Ich war wie erstarrt. Das hatten wir noch nie. Den Satz, dass es Papa nicht gut geht, kenne ich Das war eine ständige Floskel meiner Mutter. Sie sagte bei jeder Befindlichkeit, es gehe ihm nicht gut. Ich hatte mich damit abgefunden. Aber heute war es anders.

Ich stand noch an der Haustür und hörte ihn durchgehend stöhnen. Ich wusste, dass das nichts Gutes war, was ich jetzt gleich zu Gesicht bekommen würde. Aber ich hatte keine Wahl.

Mutig ging ich durch den kleinen Flur ins Wohnzimmer und sah meinen Vater in Unterhose und Unterhemd, inzwischen eingenässt, in benommenem Zustand auf dem Sofa liegen.

Er stöhnte laut, die Zunge hing aus dem Mund. Es fehlten nur wenige Zentimeter und er wäre von der Kante gerutscht und auf dem Boden gelandet. Niemand von uns hätte ihm helfen können. Er war zu schwer und konnte sich nicht mehr auf den Beinen halten. Ich wusste, dass wir Hilfe brauchten.

Für meinen Vater war es in all den Jahren sein einziger Wunsch, nie im Krankenhaus zu sein. Er hatte nicht nur kein Vertrauen, er war auch traumatisiert. Aber ich konnte nicht anders. Ich rief meinen Partner an und ging mit meiner Mutter aus dem Haus.

»Mama«, sagte ich, »wir müssen die Rettung rufen.«

»Das geht jetzt nicht mehr.«

»Wir brauchen Hilfe.«

Viel zu lange hatte ich die Augen verschlossen. Viel zu lange hatte ich zugelassen, dass meine Eltern ihr Leben so führten, wie sie es wollten. Jetzt war es plötzlich vorbei. Ich musste über meinen Vater hinweg eine Entscheidung treffen: den Notruf wählen.

Die Hilfe kam schnell und es waren mehr Helfer als erwartet. Der anwesende Notarzt war arrogant und fragte mich, wie es zu dieser Situation kommen konnte. Da ich selbst befangen war, musste ich erst nach den richtigen Worten suchen. Der Arzt sagte nur: »Das habe ich nicht gefragt.«

»Kann er selbst aufstehen und gehen?« »Nein«, sagte ich.

»Wie lange liegt er schon so da?«

»Seit gestern«, sagte ich und wollte meine Mutter ins Gespräch einbeziehen. Aber das interessierte niemanden mehr. Der Anblick meines Vaters, wie er da auf der Couch lag, war beschämend.

Der Arzt nannte den Zustand »verwahrlost«, und ja, auf den ersten Blick sah es auch so aus.

Die traurige Wahrheit war, dass mein Vater seit vielen Monaten nicht mehr liegend schlafen konnte. Er bekam keine Luft mehr. Er hatte zu viel Wasser im Körper und bekam Tabletten, damit er alle paar Minuten auf die Toilette gehen konnte, um das Wasser loszuwerden. Aber jeder Schritt war für ihn eine Qual. Die Schmerzen in den Kniegelenken waren unerträglich, und auch sein Arzt (Facharzt für Orthopädie und orthopädische Chirurgie) musste ihm mitteilen, dass er nichts mehr für ihn tun könne. Eine Operation wäre nötig gewesen, aber wegen seines schwachen Herzens nicht durchführbar. Außerdem hatte er große Angst vor dem Krankenhaus und einer Operation.

Ihm blieb nichts anderes übrig, als in diesem Zustand zu leben. Das heißt, sein Körper produzierte zu viel Wasser, sein Nierenkrebs wurde immer größer, und die Lunge hatte keinen Platz mehr, um ihn mit ausreichend Luft zu versorgen, weil das Wasser in seinem Körper den Platz einnahm. Es war also ein Kreislauf, in dem er sich über ein Jahr befand. Und dann kam dieser Schlaganfall, der uns alle hatte aufschrecken lassen. Er kam ins Krankenhaus. Dort wurde er nach vielen Jahren wieder untersucht.

Man teilte uns mit, dass das Wasser aus seinem Körper entfernt werde, und wir mussten zustimmen, dass bei diesem Eingriff keine lebenserhaltenden Maßnahmen durchgeführt werden. Das heißt, sollte es zu einer unvorhergesehenen Komplikation kommen, würde mein Vater ohne weitere Maßnahmen einfach sterben.

Diesen Moment werde ich nie vergessen. Ich saß vor dem Operationssaal im Krankenhaus, neben mir meine Mutter und mein Ex-Partner. Ich konnte an der Tür hören, ob Ärzte oder Pfleger im Raum waren, und dann begann wieder dieses Stöhnen meines Vaters. Dieses Geräusch ging mir nicht mehr aus dem Kopf. Meine innere Stimme drängte mich, an die Tür zu klopfen, um meinem Vater zu zeigen, dass wir da sind.

Ich stand auf und lief zur Information, um in der Ambulanz anzurufen und zu sagen, dass Angehörige vor der Tür warten. Eine Krankenschwester öffnete die Tür und sagte, dass sie nicht wussten, dass wir da sind. Meine Seele gab mir den Hinweis:

Meine Mutter und ich gingen zu meinem Vater. Es war nicht schön, ihn so zu sehen. Dann kam der Arzt und sagte, wir müssten etwas unterschreiben, am besten mein Vater selbst. Ich klärte meinen Vater noch einmal auf, und wir wussten alle drei, dass es bald das letzte Mal sein könnte, dass wir zusammen sind. Er bekam einen Kugelschreiber in die Hand, mit dem Hinweis, wo die Unterschrift hinsoll. Wir haben nicht gelesen, was wir da unterschreiben. Wir hatten auch keine Zeit, darüber nachzudenken. Als ich dann sah, dass mein Vater den Stift nicht einmal in der Hand halten konnte, sagte der Arzt, dass auch ein Angehöriger unterschreiben könne.

Also übernahm ich diese Aufgabe für ihn. Ich wusste einfach, dass es sein Wunsch war, wenn er nicht mehr nach Hause kommen konnte, dass er sterben wollte. Nicht im Krankenhaus bleiben, vor allem nicht in die Abhängigkeit des Pflegepersonals kommen. Das war sein Wunsch und den mussten wir ihm erfüllen.

Danach verabschiedeten wir uns und er wurde in ein Zimmer gebracht, vierter Stock, LKH, Innere, Südwest. Dort blieb er vorerst. Wir besuchten ihn jeden Tag, immer zur selben Zeit. Manchmal war er so benommen, dass wir nicht wussten, ob er den nächsten Tag überleben würde. Er bekam Morphium. Ich verstand nicht, warum. Es gab einmal folgende Situation: Ein Pfleger war bei ihm im Zimmer und sprach sehr abfällig mit ihm. »Du musst dich aufsetzen, wenn du etwas trinken willst, sonst verschüttest du wieder alles. Komm, rauf! Wir können nicht immer das Bett wechseln.«

Mein Vater hatte einen Schlaganfall und konnte beide Arme kaum noch bewegen und kontrollieren. Seine Finger am Handgelenk konnten kaum eine Greifbewegung machen. Er hatte Durst, und das Glas Wasser stand zu weit weg. Wenn er es dann schaffte, es zu sich zu holen, war es ihm zu schwer, sodass er das Wasser verschüttete. Er hatte mehrmals nach dem Pflegepersonal geklingelt, aber es kam nicht immer jemand. Als ich wie immer zur Besuchszeit in sein Zimmer kam, hörte ich, wie der Pfleger mit ihm sprach und ihm eher belehrende Anweisungen gab, wie er sich aufzurichten hatte, damit er nichts verschüttete. Ich war so erschrocken, dass ich nicht reagieren konnte. Als der Pfleger dann das Zimmer verließ und ich das verschüttete Wasser auf dem Boden sah, ging ich sofort Papier holen, um das Wasser aufzuwischen. Erst viel später verstand ich, warum er Morphium bekam.

Ich erkundigte mich bei jeder Gelegenheit bei seiner Stationsärztin, wie es ihm geht und was wir tun können. Es war eine junge, engagierte Ärztin mit viel Erfahrung, auch in der Palliativmedizin, und sie nahm sich wirklich viel Zeit, um uns seine aktuelle Situation zu erklären. Sie wollte uns die bestmögliche Unterstützung geben und empfahl uns, eine PleurX-Anlage zu legen – ein Eingriff, mit dem wir zu Hause selbst das Wasser aus seinem Körper entfernen können. Sie sagte mir eindringlich: »Ich kann ihn nicht nach Hause entlassen, es sei denn, ihr habt eine 24-Stunden-Pflege zu Hause.« Das war mein Stichwort. Das war ich ihm schuldig. Ich musste sehen, wie ich ihn so schnell wie möglich aus dem Krankenhaus bekomme. Nach Hause. Dort wollte er sein. Dass sich die Suche nach einer Pflegerin als schwierig erwies, war eine weitere große Herausforderung.

Ich war damals in der sechsten Woche bei einem Arbeitgeber in meinem neuen Tätigkeitsbereich und wollte mich darauf konzentrieren. Aber es war ein Drahtseilakt: Morgens Einarbeitung, neue Aufgaben übernehmen in einem Bereich, den vor mir noch niemand gemacht hatte. Mittags nach Hause und sofort alles erledigen, was zu tun war, um meinen Vater so schnell wie möglich nach Hause zu holen. Ich hatte es geschafft. Diese eine Agentur bot mir die Möglichkeit mit einer Pflegerin genau zu dem Termin an, den ich wollte. Alle anderen Agenturen mussten mir absagen, weil es auch in dieser Branche eine Sommerpause gibt, in der keine rumänischen Fachkräfte nach Österreich kommen. Und die brauchte ich: Eine ausgebildete Krankenschwester, die geschult ist, einen Palliativpatienten die letzte Zeit in seiner gewohnten Umgebung zu betreuen, war die Anforderung.

Nach sechs oder sieben Absagen kam dieser Termin und ich konnte es kaum glauben. Wir hatten eine Dame, die passte und auch bereit war, sofort in den Bus zu steigen, um meinen Vater zu pflegen.

Ich konnte meine Erleichterung kaum in Worte fassen. Denn an meinem Arbeitsplatz gab es ganz andere Themen, und meine neuen Kollegen, die alle viel jünger waren als ich, wollte ich mit meiner persönlichen Situation nicht ermüden oder langweilen. So schaltete ich schnell wieder in den Überlebensmodus und gab Vollgas.

So schafften wir es, meinen Vater nach Hause zu holen. Leider war bei der Entlassung Wochenwechsel und unsere vertraute Ärztin nicht vor Ort. Dafür gab es eine neue Turnusärztin, die mich am Tag vor der Entlassung beiseitenahm und mir sehr eindringlich in die Augen sah. Dann flüsterte sie: »Sie wissen, dass es Ihrem Vater nicht gut geht. Er hat ein akutes Nierenversagen, das heißt, seine Lebenszeit ist auf wenige Tage begrenzt. Nutzen Sie diese Zeit, um sich zu verabschieden, und erfüllen Sie ihm noch jeden Wunsch.«

Tränen schossen mir in die Augen. Ich wusste nicht, dass es so schnell gehen würde. Völlig überwältigt von dieser Aussage ging ich und am nächsten Tag wurde er zu Hause abgeliefert.

Am 28. August 2024 gegen 13 Uhr lieferte der Krankenwagen meinen Vater ab. Keine Medikamente, kein Rezept, nichts. Ich fragte die jungen Leute, die ihn brachten, ob sie nicht etwas vergessen hätten. Sie verneinten. Sie hatten nichts. Aber ich wusste, dass er im Krankenhaus ein paar Tabletten bekommen hatte, und auch vorher, vor dem Schlaganfall, hatte er ein paar genommen. Von da an begann die ganze Odyssee.

Ich möchte nicht auf alle Details eingehen, denn ich musste feststellen, dass es in unserem Gesundheitssystem so viele Hürden gibt, die viele Menschen nicht überwinden können. Der Weg zwischen Arzt, Apotheke, Rezepten, anfallende Kosten, zu geringe Mengen an Tabletten, Palliativteam, das nur sporadisch Zeit hat und wechselnden Diensten unterliegt. Viel zu viel Bürokratie, zu viele Besorgungen, Arzttermine einhalten, Vertretungen suchen, bei jeder neu auftretenden Beschwerde wurde ich von unserer 24-Stunden-Pflege beauftragt, in die Apotheke zu gehen, zum Arzt zu gehen, dies und das wurde benötigt, fast täglich. Spezialnahrung, Spezialcremes … Ich kann gar nicht mehr aufzählen, wie oft mein Partner oder ich diese Besorgungen gemacht haben. Jeden Tag hatte einer von uns etwas zu erledigen.

Dann, eines Abends, es war um den 5. September 2024, saß ich zu Hause im Garten und fragte meine Seele.

»Liebe Seele, wie lange hat mein Vater noch zu leben?«

Die Antwort kam prompt: »40 Tage. In 40 Tagen will seine Seele die Heimreise antreten und wird sich nun langsam auf die Vollendung vorbereiten.«
Ich kann den Tag heute nicht mehr genau bestimmen, denn ich war wie in einem Schnellzug. Ich funktionierte. Mein Ex-Partner und ich funktionierten. Es war unnatürlich, mit welcher Kraft wir alle diese Aufgaben bewältigt hatten.

Mein Vater verstarb in dieser Vollmondnacht. Die Energien in dieser Nacht waren sehr stark, und auch ich hatte große Schwierigkeiten, zur Ruhe zu kommen.

Es wäre falsch, wenn ich hier noch weitere Aufzählungen machen würde, was alles passiert und schiefgelaufen ist. Mein Vater war krank und konnte sein Leben weitgehend selbstbestimmt beenden. Wir haben als Familie alles dafür getan, dass das gelungen ist. Wir haben es geschafft, ihm seinen letzten Wunsch zu erfüllen.

So ruhe in Frieden und danke für dein Sein und all die Last, die du getragen hast. Du bist angekommen und darfst dich nun befreien von allem, was dir das Leben so schwer gemacht hat. Du bist erlöst und bleibst für immer in unseren Herzen.

Gott dem Herrn sei Dank.

Der Verlust eines geliebten Menschen ist immer traurig und berührt sehr unterschiedlich. In meinem Fall war es ein enormer Kraftakt, den ich durchstehen musste. Nicht nur ich, auch mein Ex-Partner hatte bis zur völligen Erschöpfung alles gegeben. Bis wir beide ca. eine Woche vor seinem Tod nicht mehr aufstehen konnten. Ich lag fünf Tage im Bett und mein Ex-Partner eine Woche.

Aus heutiger Sicht war das der Moment, an dem wir nicht mehr konnten und losgelassen haben. Denn das eigene Wohl steht immer über dem des anderen. Im Rückblick war das die Zeit, in der mein Vater einen weiteren Schlaganfall erlitt. Niemand hatte es bemerkt. Mir wurde berichtet, dass er am Ende seines Lebens sehr leise sprach und nichts mehr essen und trinken wollte/konnte.

Ich weiß noch, wie ich einen Tag vor seinem Tod mit mir gerungen habe. Nach den Tagen der Krankheit, als ich wieder aufstehen konnte, war es mir sehr wichtig, den Nachmittag am See zu verbringen. Ich ging allein an einen Ort, den ich schon lange kannte. Weit draußen, am See. Auf dem Heimweg fuhr ich an meinem Elternhaus vorbei und meine Stimme sagte: »Heute nicht! Heute schaust du auf dich und gehst nach Hause.« Am nächsten Morgen um 6.30 Uhr rief mich meine Mutter an und sagte: »Ich glaube, Papa ist heute Nacht gestorben.«

Loslassen

Alles, was mir Sicherheit im Leben gibt, zu hinterfragen, ob es das ist, was ich wirklich will. Nach innen zu schauen und zu spüren, ob man im Innersten das fühlt, was man zu fühlen glaubt.

Dieser Prozess hat bei mir sehr lange gedauert. Die ersten Anzeichen kamen, als ich mich in meiner gewohnten Umgebung nicht mehr frei fühlte. Ich konnte nicht sagen, was ich dachte, ich konnte nicht erzählen, was mich bewegte, ich fand kein Gegenüber, das meine Worte verstand.

Es kamen nur Standardfloskeln wie: »Ach, so geht es doch allen!« Damit konnte ich nichts anfangen. Es war wie ein Dolch, der jedes Mal in mir steckte, wenn ich versuchte, meine Worte auszusprechen, und sofort kam: »Jeder hat sein Päckchen zu tragen.«

Viele Male war es gleich schon am Anfang, jedes Mal, wenn ich bereit war, etwas zu sagen.

Ich begann mehr und mehr nach innen zu horchen. Ging in den Wald, in die Natur, immer mehr in die Stille, weil das Gerede der anderen unerträglich war. Das brachte mich mir selbst immer näher, entfernte mich aber auch immer mehr von all den Menschen, mit denen ich mich bis dahin verstanden hatte.

Es war ein schleichender und langer Prozess. Er zog sich bei mir über viele Jahre hin.

Schon immer war mir das Geschwätz der anderen eine Qual. Immer diese Besserwisser, die ihre Vergleiche zogen und am liebsten Analysen über die austauschten, die nicht dabei waren.

Toxische Freundschaften laufen irgendwann über. »Ich erzähle dir jetzt etwas, aber das musst du für dich behalten.« Und dann erzählt man ein Geheimnis von Menschen, mit denen man noch nie gesprochen hat. Das war für mich immer ein Angriff auf mein Menschenvertrauen.

Als ich jung war, sog ich alles auf wie ein Schwamm. Ich wollte so viele Menschen wie möglich kennenlernen und mir ein Bild von ihrem Umfeld machen. Aber als ich volljährig wurde, ging es los. Ich empfand diese Intrigen und diese Bewertungen als sehr unangenehm.

Es musste so kommen. Ich zog mich nach und nach von allen Leuten zurück. Ich kannte viele Leute und war überall bekannt, hatte aber keinen festen Freundes- oder Kollegenkreis, war mal da, mal dort. Freiheit war mir immer wichtig. Deshalb fuhr ich auch immer selbst mit dem Auto, egal wohin. Weil ich immer selbst entscheiden wollte, wann es genug ist. So funktionierte es für mich. Ich hatte alles unter Kontrolle. Immer die Kontrolle zu haben, das war mir wichtig. Die Kontrolle über mich, meinen Zustand, meine Umgebung, meine Erscheinung, mein Auftreten, meine Wirkung auf andere. Immer selbst entscheiden zu können, ob ich bleibe oder gehe, das war mir wichtig.

Wenn ich jetzt auf all die Menschen zurückblicke, denen ich begegnete, wird mir klar, dass die Verständigung immer nur so lange gut war, wie ich so war wie sie. In dem Moment, in dem ich nicht mehr das Bild war, in dem sie sich spiegeln konnten, wurde es ungemütlich.

Klarheit war mir wichtig. Aussprechen zu können, was in mir vorgeht. Damit waren bisher alle überfordert. So ging meine Suche weiter und weiter. Ich hatte immer die Hoffnung, Menschen zu treffen, mit denen ich mich eins zu eins austauschen kann und wir voneinander profitieren. Das war meine Vorstellung von Gemeinschaft oder Freundschaft. Die Suche nach Gleichgesinnten.

Aber es entfernte mich immer mehr, auch von denen, die bisher treue Begleiter waren. Bis ich auch diese Freundschaften kritisch und inhaltlich nicht mehr als ehrlich empfand.

Ich merkte, dass ich immer mehr geboten hatte, um alles aufrechtzuerhalten. Ich nahm mir Zeit, passte mich ihren Zeitfenstern an, fuhr mit dem Auto zu ihnen, war Ratgeberin in allen Lebenslagen, war Zuhörerin und Köchin, ich bot mein Haus für Treffen an, ich war diejenige, die immer alles verstand, was bei ihnen gerade schieflief. Ich hatte eine große Akzeptanz für alle Themen, konnte mich immer einbringen, hatte Ideen und machte Vorschläge, was sie tun könnten.

Für meine Freunde war es bequem. Es war kostenlos und frei, und ich kam sogar zu ihnen oder dorthin, wo wir uns verabredet hatten.

Aber in dem Moment, in dem ich mich nicht mehr so benahm, wie sie es gewohnt waren, brach der Kontakt ab. Ich wählte immer den Weg, den mir meine innere Welt vorgab. Das war gar nicht einfach. Denn jeder Rückzug bedeutete auch immer ein Stück mehr Einsamkeit.

Und dann wird es immer schwieriger, sich jemandem anzuvertrauen.

Heute ist mir bewusster denn je, warum alles so war. Ich musste lernen, auf meine Seele zu hören. Ich war zu sehr mit dem Außen beschäftigt und dachte, das wäre normal. Ich dachte, ich wäre nicht normal, und alle anderen waren es.

Was meine Außenwelt lebte, definierte ich als normal, und was mich rebellieren ließ, war für mich unnormal.

Sich zu öffnen und loszulassen, ist eine der schwierigsten Aufgaben im Leben. Denn du verlässt diesen sicheren Rahmen völlig. In der Stille beginnt dann die eigentliche Arbeit mit dir und deinem Selbst.

Das ist keine leichte Aufgabe. Denn wir sind durch unsere Herkunft mit ganz unterschiedlichen Vorgeschichten ausgestattet, die im Laufe unserer Entwicklung zum Vorschein kommen. Oft sind die Reaktionen, die wir zeigen, gar nicht die, die wir steuern. Es sind gespeicherte Prozesse und Handlungen, die wir nicht filtern können, um sie zu transformieren. Das klingt kompliziert, aber wir alle haben jeden Tag damit zu tun.

Die Kassiererin an der Kasse, der Busfahrer im Straßenverkehr, dein Chef, deine Arbeitskollegen, der Lehrer deines Kindes, deine Mutter oder dein Vater, deine Schwiegermutter – sie alle unterliegen diesen gespeicherten Mustern.

In den seltensten Fällen sind wir uns dessen bewusst. Deshalb bewegt sich ein Großteil der Menschen immer im gleichen Umfeld. Sie fühlen sich wohl. Sie kennen nichts anderes und so ist es gut.

Menschen, die anders fühlen

Menschen, die spüren, dass es noch etwas anderes gibt als das, was wir sehen oder gewohnt sind, möchte ich erreichen und ihnen Mut zusprechen. Leider gibt es keinen Ablaufplan, den wir einzuhalten haben.

Es gibt keine Gebrauchsanleitung oder das richtige Timing. Das, worum es geht, trägt jeder in sich. Im Kern. Wenn wir es also schaffen, dass wir diesen Zugang aktivieren, dann haben wir Rückenwind. Wir müssen nicht mehr suchen.

Wir erhalten immer zur richtigen Zeit den richtigen Impuls, um eine wertvolle Entscheidung treffen zu können.

Das ist alles. Darum geht es. Loszulassen ist also der Vorbote, dass wir bereit sind, den Rückenwind anzunehmen und das Vertrauen haben, dass wir zum richtigen Zeitpunkt Bescheid bekommen, wie wir handeln sollten.

Loszulassen bedeutet auch, den Kopf auszuschalten und das Herz zu öffnen.

Das hört sich leicht an, doch allein dafür habe ich viele Jahre gebraucht.

Es ist nichts einfach, das möchte ich schon mal vorwegnehmen. Es ist immer deine eigene Entscheidung, wofür du dich begeistern kannst.

Es gibt kein richtig oder falsch. Alles hat seine Berechtigung und das Tempo entscheidest du.

Doch mit jedem Loslassen, sei es der Arbeitgeber, der dir die letzte Energie raubt, oder dein Kind, das einen völlig neuen Weg einschlägt, oder dein Partner, der sich nicht zu deinem Traumgegenüber entwickeln konnte, oder dein direktes Umfeld, das sich gegen dich stellt – das Ziel ist und bleibt, dass du auf dich hörst.

Auf die Worte aus der Tiefe, die dir manchmal auch Bauchschmerzen bereiten werden. Nimm diese Zeichen wahr und handle danach.

Auflösung zur Angstbewältigung

Ab jetzt bitte ich dich, meine liebe Seele, zu Wort.

Wie würdest du den Leserinnen und Lesern nun den Loslassprozess schildern?

In der Tiefe deines Bewusstseins schlummert dein schlafendes Kind. Dort ist alles verankert und gespeichert, wozu du in deinem Leben aufgerufen wirst. In diesem wunderbaren Samenkorn ist alles gespeichert, was dir für deinen Lebensweg mitgegeben wurde. Deine Herkunftsfamilie, deine Ahnen, deine Mutter und dein Vater, auch ein Teil deiner Geschwister, egal wo sie sich befinden. Dieser Keim, den du in dir trägst, ist dein Potenzial. Es darf und soll sich im Laufe der Zeit erkenntlich zeigen. Aus diesem Grund rufen wir immer wieder dazu auf, dass du dich und dein wirkliches Potenzial erkennst. Dieser Kern beginnt zu sprießen. Darauf hast du wenig Einfluss. Deine Aufgabe ist zu erkennen, wenn es denn so weit ist.

Das ist der Moment, an dem du aufgerufen wirst, dich auf deine Nach-innen-Schau einzurichten. Dieser Weckruf kommt so lange, bis du ihn hörst und beginnst zu erkennen, was noch alles in dir schlummert. Aus diesem Grund ziehst du dich auch immer mehr zurück von allem und jedem und beginnst, dich mit diesen Signalen zu beschäftigen, die du immer besser wahrnimmst. Du beginnst, deine Außenwelt völlig neu zu betrachten, und erkennst immer mehr, wozu du wirklich hier bist. Die Eltern, deine Familie, sie haben dich gebraucht. Durch dich konnten sie die Hürden besser verkraften. Du gabst ihnen die Zuversicht und den Glauben, dass es sich lohnt weiterzugehen. So wie auch du es dir zur Aufgabe gemacht hast, dass du durch deine unermüdliche Unterstützung deinen Beitrag dazu beisteuerst.

Das ist dir gelungen und dafür danke ich dir aus vollem Herzen. Dies war einer der wichtigsten Aufträge für dich. Das konntest du früh erkennen und hast dich nicht davon abhalten lassen, egal welche Verlockungen dir das Leben angeboten hat. Das wusste ich schon immer, dass du und ich eins werden. Dieser lange Weg und der Tunnel, in dem du dich aufgehalten hast, das ist der Durchgang, den ganz viele Menschen hier auf der Erde zu bewältigen haben. Leider gelingt es den meisten nicht. Ihnen geht die Luft aus, im wahrsten Sinn des Wortes. Sie lenken sich dann ab, meistens durch Alkohol, Drogen, jegliche Süchte oder durch übertriebene Aktivitäten. Sie flüchten davor, dass sie sich leiten lassen und somit in einen völlig irrealen Zustand kommen.

Diese Beklemmungen, die du erfahren hast, sind die Auflösungen deiner angehafteten Ahnengeschichten gewesen. All das, was durch deine Vorfahren und somit auch Eltern nicht durchlebt wurde und somit in Auflösung kam, kam bei dir zum Vorschein. Das waren diese Engezustände, Panikattacken und auch Ängste, die nun durch dich aufgelöst wurden. Das war ein Teil deines Daseins, damit sich die Energieschwingung erhöhen kann.

Wie du vielleicht schon gehört hast, stehen wir vor einem großen Wandel. Die Transformation der niedrigen Frequenzen aufzulösen ist ein Teil davon. Dafür brauchen wir Menschenkinder, die diesen Weg mit uns gemeinsam gehen. Die sich dazu berufen fühlen, einen neuen Weg einzuschlagen, damit es leichter wird. Für alle. Diesen Dienst erfüllst du nicht nur für dich und deine Herkunft. Du trägst einen großen Anteil dazu bei, dass wir die vielen Traumata aus der Vergangenheit auflösen können. All die Kriege, Misshandlungen, Übergriffe und Eingriffe in die persönliche Entwicklung von Millionen von Menschen muss umgewandelt werden. Dafür braucht es jeden Einzelnen, um den Weckruf zu erkennen und auch bereit zu sein, sich zur Verfügung zu stellen.

Du hast am eigenen Leib gespürt, welche Prozesse wir durchlaufen. Es gibt immer einen Höhepunkt. Den hast du erreicht. Du darfst dich also etwas zurücklehnen und einfach mal stolz auf dich sein. Das war eine Meisterleistung, die nicht jeder vollbracht hätte. Durch dein Bewusstwerden in diesem ganzen Durchlauf bist du jetzt in der Lage, all den Botschaften neutral zu begegnen. Du wirst dich nicht mehr in die Irre führen lassen. Du wirst zuerst nach innen schauen, bevor du einfach drauflosgehst. Du wirst spüren, dass wir dich bei der Hand nehmen, um dich dahin zu führen, wo du es niemals gedacht hättest, dass du dich dort aufhalten wirst. Du allein entscheidest immer noch, was du zulässt. Wir ziehen nicht und reißen dich nicht heraus, wenn du nicht selbst dazu einwilligst. Das ist der normale Vorgang, den jeder Mensch erfährt.

So möchte ich mich bei dir bedanken, dass du es ausgehalten hast. Dass du dich in den absoluten Rückzug begeben hast. Das allein gelingt schon den wenigsten. Wir wussten, dass du es schaffen wirst. Wir haben immer an dich geglaubt, dass du dich nicht von den Stimmen da draußen abhalten lässt. Die Stille, die du durchlebt hast, war der Schlüssel zu deinem wahrhaften Dasein.

Alles in dir ist ausgerichtet, um die Stimme aus deinem Innersten wahrzunehmen. Die damit verbundenen Aufgaben sind bei jedem Menschen unterschiedlich. Somit ist es auch völlig unnötig, sich ständig mit anderen zu vergleichen. Das ist ein Resultat der Gesellschaft. Dies wurde uns auferlegt, damit wir uns selbst verlieren. Es ist eine Methode, die Menschen mit unwichtigen Dingen zu beschäftigen.

Durch dich darf dein Kind schon sehr früh erkennen, wozu wir wirklich gebraucht werden. Durch die vielen Handlungen, die du aus Liebe zugelassen hast, wurde dein Kind geschult, seinen innersten Kern zu aktivieren. Vertraue also weiterhin darauf, dass alles, was dir widerfährt, einen großen Nutzen für dich und die Menschheit hat.

Je früher die Samen in unseren Kindern durch unser heldenhaftes Vorleben zum Keimen gebracht wird, umso mehr Potenzial erfahren wir selbst. Es ist wie ein Substrat.

Wenn wir uns lösen von all den auferlegten Vorgängen, die uns über die Medien, Schulen und andere Fördereinrichtungen angeboten werden, wenn wir uns selbst vertrauen, dann hat es einen Doppeleffekt. Unser Kind, doch auch wir selbst kommen einen Schritt näher zu unserem wahren Selbst. Und darum geht es schlussendlich.

Nicht um ein Diplom, einen Titel oder eine Managerposition. Es geht um das Erkennen, was tatsächlich in uns steckt. Was uns wirklich erfüllt und berührt. Woraus wir die größte Energie herausholen, ohne dabei in ein Schlafdefizit zu geraten.

Wenn wir uns also trauen loszulassen von all den auferlegten Denkmustern, beginnen wir, uns mit unserem Kern zu verbinden. Das damit verbundene Vorankommen bestimmen unsere äußeren Einflüsse, unser Vertrauen in uns selbst und ein gewisses Sicherheitsnetz von außen. Das brauchen wir, um die Konzentration auf uns selbst halten zu können.

So möchte ich mich bei dir aus tiefster Dankbarkeit zeigen. Das, was du durchlebt hast, war ein Beispiel dafür, dass wir mehr Transparenz in dieser Form des Schreibens zu den Menschen bringen. Viele sind auf der Suche, so wie du es lange Zeit warst. Darum bist du durch all die einschneidenden Erlebnisse gewandert. Deshalb warst du so allein. Damit du spürst, wie es ist, wenn wir dich begleiten. Durch dein Vertrauen, das du erst mühsam erlernen musstest, warst du in der Lage, dich in diesen Rückzug zu begeben.

Heute weißt du es besser und kannst mit dieser Stille gut umgehen. Natürlich verstehen wir auch, dass dein sehnlichster Wunsch noch nicht erfüllt wurde und du manchmal Zweifel hast. Doch vertraue mir weiterhin, und ich führe dich dahin, wo du immer schon sein wolltest. Vertraue!

I want morebooks!

Buy your books fast and straightforward online - at one of world's fastest growing online book stores! Environmentally sound due to Print-on-Demand technologies.

Buy your books online at
www.morebooks.shop

Kaufen Sie Ihre Bücher schnell und unkompliziert online – auf einer der am schnellsten wachsenden Buchhandelsplattformen weltweit! Dank Print-On-Demand umwelt- und ressourcenschonend produziert.

Bücher schneller online kaufen
www.morebooks.shop

info@omniscriptum.com
www.omniscriptum.com

Printed by Books on Demand GmbH, Norderstedt / Germany